# 외국어로서의 한국어학의 이해

Understanding Korean Linguistics as a Foreign Language

김진호

국학자료원

# 머리말

외국어로서의 한국어 교육은 1959년 연세대학교 한국어학당을 시작으로 1988년 올림픽 대회의 성공적인 개최와 한국의 눈부신 경제 성장으로 전환기를 맞았다. 그 후, 2002년 한·일 월드컵 개최와 K-드라마, 음악, 음식 등 한류 문화의 확산과 열풍은 한국과 한국문화에 대한 세계인의 관심을 끌었다. 이로 인해 자국에서 또는 한국에서 한국어와 한국문화를 배우려는 다양한 목적의 학습자가 증가해 현재에 이르렀다. 한국어 학습자의 급속한 증가세는 통계청 자료를 통해서도 짐작할 수 있다.

외국인 유학생의 한국어 학습 목적은 의사소통능력 향상이 그 일차적인 목표이다. 그러나 대학 및 대학원 과정의 학문 목적 학습자에게는 해당 전공 지식의 습득 또한 중요한 목표이다. 따라서 이들에게 한국어 기본 지식의 습득은 대학 및 대학원 학업을 위한 전제 조건일 수밖에 없다. 이에 <외국어로서의 한국어학의 이해>는 다양한 전공의 외국인 학습자가 생활 한국어 능력의 향상뿐만 아니라 해당 전공 지식을 습득하는 데 도움이 되는 저서이다.

'외국어로서의 한국어학'은 외국인 유학생을 학습 대상으로 하는 한국어 교육의 핵심 분야이다. 따라서 대학 및 대학원 과정의 외국인 유학생을 교육하는 교수자 역시 이에 대한 기본적 지식뿐만 아니라 심화 지식도 충분히 숙지하고 있어야 한다.

따라서 <외국어로서의 한국어학의 이해>는 외국인 학습자들이 한국어를 이해하고 사용하는 데 실제적인 도움을 주어 성공적인 대학 및 대학원 생활에 보탬이 되고자 한다. 또한 교수자를 위한 친절한 학습서로의 기능을 충실히 하고자 한다. 이에 한국어 관련 지식 항목을 크게 12개의 항목으로 분류하여 기술하기로 한다. 그 구체적 내용은 다음과 같다.

<본서의 구성 내용>

제1부에서는 일반 언어로서의 한국어와 개별 언어로서의 한국어의 특징을 다룬다.
제2부에서는 한국어 음운 체계, 음운 차이에 의한 특징, 음운 변동 규칙을 다룬다.
제3부에서는 한국어 문법 단위와 단어의 특징 그리고 단어 형성의 원리를 다룬다.
제4부에서는 한국어 단어의 품사 분류 기준에 이어 품사별 기능과 특징을 다룬다.
제5부에서는 단어의 집합체로서 한국어 어휘 체계를 구분하고, 그 양상을 다룬다.
제6부에서는 한국어 문장 성분의 종류와 그 특징을 살핀 후, 문장 구조를 다룬다.
제7부에서는 한국어 문법 범주로 높임법, 시간 표현법, 피·사동법, 부정법을 다룬다.
제8부에서는 언어 내용 요소인 의미의 본질을 밝히고 단어와 문장 의미를 다룬다.
제9부에서는 문장 범위를 벗어나서 담화에서의 맥락과 발화행위의 내용을 다룬다.
제10부에서는 한국어의 총체적 모습으로, 지역 방언과 사회 방언의 특징을 다룬다.
제11부에서는 한국어의 기원과 발전 과정, 훈민정음(한글)의 창제 원리를 다룬다.
제12부에서는 언어 교육으로서의 한국어 교육과 국어 교육의 원리, 특징을 다룬다.


　　본서의 출간을 흔쾌히 맡아주신 국학자료원 정구형 사장님과 편집에 정성을 들여
주신 한상지 선생님에게도 감사의 말씀을 전한다. 부디 본서의 출간이 외국어로서의
한국어 교육에 조그마한 보탬이 되었으면 하는 바람이다.


2025년


김진호

# 목차

# 제Ⅰ부 총론

# 제1장 언어와 한국어

## 1. 언어의 정의와 종류

고대 그리스의 철학자 아리스토텔레스는 인간을 '사회적 동물'이라 하였다. 한 개인으로서의 인간은 사회를 형성하여 끊임없이 다른 사람과 관계를 형성하며 자신의 존재를 확인하는 동물이라는 의미이다. 그리고 인간이 사회적 동물로서 제 역할을 하려면 언어 소통이 전제되어야 한다. 결국 '사회적 동물'의 인간은 '언어적 동물'과 그 궤를 같이 한다.

| (1) | 정의 | 언어는 생각이나 느낌을 표현하거나 전달하는 수단 내지 도구<br>(음성 / 문자 / 몸짓 등) |
|-----|------|---|
| (2) | 종류 | 언어의 어떤 도구를 사용하느냐에 따라 '음성 언어'와 '문자 언어' 그리고<br>'몸짓 언어'로 분류한다[1]. |

## 2. 언어의 일반적 특징

현재 지구상에 존재하는 언어는 6,000여 개 정도이며, 이 중 100만 명 이상의 언중이 사용하는 언어는 약 250여 개에 불과하다. 그러나 언중의 수와 관계없이 우리는 이들 모두를 '언어'라 지칭한다. 왜냐하면 다음과 같은 언어의 일반적 특징을 지니고 있기 때문이다.

---

[1] 언어는 넓은 의미의 언어(음성 언어와 문자 언어를 포함한 몸짓, 기호, 신호 등)와 좁은 의미의 언어(음성 언어)로 구분하기도 한다.

| (1) | 기호성 | 기호는 전하고자 하는 내용과 그것을 표현하는 형식으로 이루어져 있다. 언어도 내용(의미)과 형식(음성)으로 이루어진 기호 체계이다. |
|---|---|---|
| (2) | 자의성[2] | 자연 기호의 내용과 형식은 필연적인 관계(신호등 불빛과 의미)에 있다. 그에 반해 언어 기호의 내용과 형식은 자의적 관계를 나타낸다. '집'의 의미에 대응하는 음성이 [jip], [jia], [house], [maison] 등 처럼 언어마다 자의적으로 결정된다. |
| (3) | 사회성 | 언어는 그 언어를 사용하는 언중과의 약속이다. 언어의 내용과 형식이 자의적 관계로 정립되어 쓰이면 개인이 마음대로 바꿀 수 없다. |
| (4) | 역사성 | 언어는 시간이 흐름에 따라 여러 변화의 모습이 나타난다. 단어가 생기기도 하고 사라지기도 한다. 그리고 의미, 형태가 변하기도 한다. |
| (5) | 규칙성 | 언어는 발음, 단어, 구/절, 문장 형성 및 의미 구성에 일정한 규칙이 내재해 있다. 이를 지키지 않으면 원만한 의사소통이 어렵다. |
| (6) | 창조성 | 언어는 규칙성에 따라 새로운 단어나 문장 등을 무수히 만들 수 있는 특징이 있다. 동물도 의사소통 수단으로서 언어를 지니고 있다. 그러나 이는 일부 한정된 비분절음을 본능적으로 구사할 뿐이다. 따라서 언어의 창조성은 동물의 언어와 다른 인간 언어의 중요한 특징이다. |

## 3. 일반 언어로서의 한국어 특징

한국어는 한국인이 한반도 전역 및 도서 지역에서 사용하는 언어이다. 지금까지의 연구 결과, 한국어는 형태상으로는 첨가어에 해당하고, 계통적으로는 알타이 어족에 속할 개연성이 크다. 문장의 기본 어순은 '주어, 목적어, 서술어'이며, 꾸미는 말이 꾸

---

2) '자의-적(恣意-的)'은 '(일정한 질서를 무시하고) 제멋대로 하는 생각'이란 뜻이다.

임을 받는 말의 앞에 위치하는 특징이 나타난다.


(1)  **용어**  한국인의 언어를 가리키는 용어는 크게 두 가지이다. 하나는 '한국어'이며, 다른 하나는 '국어'이다. 사실 정확한 표현은 '한국어'이다. 그러나 한국어 모어 화자들은 한국어를 '국어'로 표현하고 이해한다. 학교에서도 '국어' 교과서에 '국어' 공부를 하고 시험을 치른다. 한국어(韓國語)와 국어(國語)의 정확한 의미 구별을 위해 두 단어의 사전적 정의를 살펴보자.


■ 한국어          한국인이 사용하는 언어.

■ 국 어    1.    한 나라의 국민이 쓰는 말.

          2.    우리나라의 언어. '한국어'를 우리나라 사람이 이르는 말.


'한국어'보다 '국어'의 의미 영역이 더 크다. 따라서 '한국어'는 다른 외국어와 관련해 쓰는 대외적 용어, '국어'는 한국어를 지칭하는 대내적 용어이다.


**'한국어'와 '한글'의 차이점은 무엇일까?**

(2) **특징**　한국어는 영어, 중국어, 일본어, 베트남어, 몽골어 등 현존하는 언어에 속하는 개별 언어이다. 따라서 한국어는 일반 언어로서 다른 언어와 공통점이 있는 반면 개별 언어로서 다른 언어와의 차이점도 존재한다.

❶ 기호성 및 자의성:
　한국어는 자음과 모음의 연속체인 음성과 그 음성이 지시하는 의미가 체계를 이루고 있다. 다만, 그 음성과 의미는 필연적인 관계가 아닌 자의적 관계에 의해 만들어졌다.

| 의미 | 음성 | |
|---|---|---|
| | 한국어 | 영어 |
| | [책상] | [데스크] |

❷ 사회성 및 역사성:
　한국어의 음성과 의미 체계는 오랜 시간 축적된 사회적 약속의 결과물이다. 이를 어느 개인이 마음대로 바꿀 수는 없다. 다만, 시대나 사회의 변화에 따른 언어의 변화의 양상은 다양하게 나타난다.

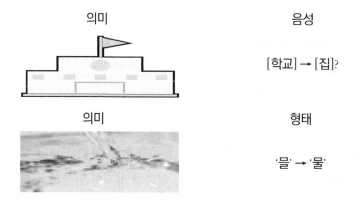

| 의미 | 음성 |
|---|---|
| | [학교] → [집]? |
| 의미 | 형태 |
| | '믈' → '물' |

❸ 규칙성 및 창조성:

한국어를 바르게 사용하기 위해서는 말소리뿐만 아니라 단어와 문장 단위의 규칙을 지켜야 한다. 규칙성을 지키면서 새로운 단어, 문장을 생성하고 상황의 변화에 따른 다양한 표현이 가능하다.

신호를 보다. - *신호가 보다.

초록불이다. - 출발해 / 가자.

(3) **중요성** 언어와 민족, 문화는 상호 관계를 맺고 있다. 일부 국가를 제외하면 동일 언어 사용자들은 동일 민족 및 동일 문화에 속할 가능성이 높다. 즉, 한국어의 사용이 다른 민족과 구별하는 중요한 특징이 된다. 또한 언어는 문화의 한 요소로, 한국어 역시 다양한 한국문화 요소를 포함하고 있다.

**과거 일본이 '한국어' 말살 정책을 실시한 이유는 무엇일까?**

**다음의 언어에서 찾을 수 있는 한국문화 요소는 무엇일까?**

(1) '낫, 가래, 삽, 쟁기, 도리깨' 등
(2) '자다 – 주무시다'/'먹다 – 드시다/잡수시다' 등

이처럼 한국어는 한국 민족의 내부 결속을 공고히 하는 힘을 지니고 있다. 만주어와 만주족의 역사적 경험을 통해서 알 수 있듯 민족의 성쇠와 언어의 성쇠는 그 운명을 같이한다.

# 제2장 한국어학의 영역

## 1. 한국어학 영역 구분의 기준

한국어는 음운, 단어, 문장, 의미 등 여러 구성 요소들의 집합체이다. 이들 각각의 구성 요소를 과학적으로 연구하는 학문을 한국어학이라 한다. 한국어학은 연구의 목적, 대상, 방법에 따라 다양하게 구분할 수 있다.

| | |
|---|---|
| ■ 연구 목적 | 순수 학문 목적의 한국어학 / 응용·실용 목적의 한국어학 |
| ■ 연구 대상 | 음성 언어 대상의 한국어학 / 문자 언어 대상의 한국어학 |
| ■ 연구 방법 | 특정 시기의 한국어학 / 변천 및 분화·변이의 한국어학 |

## 2. 연구 목적에 따른 분류

(1) 순수 학문 목적의 한국어학:
한국어의 구조에 대한 체계적 기술을 목적으로 하는 한국어학이다.

**음운론: 음운 구조**　　　**형태론/통사론: 문법 구조**　　　**어휘론: 어휘 구조**
**의미론: 의미 구조**　　　**화용론: 담화구조**

(2) 응용·실용 목적의 한국어학:
순수 학문 목적의 한국어학 결과를 다른 학문 분야에 적용하려는 한국어학이다.

**국어/한국어 교육**　　　**사회/심리/전산 언어학**　　　**국가 언어 정책**

## 3. 연구 대상에 따른 분류

(1) 음성 언어 대상의 한국어학:
인간의 언어생활은 대부분 음성 언어로 이루어진다. 따라서 한국어의 음성 언어적 특징을 기술하는 한국어학이 있다. 문자 언어 대상의 한국어학을 제외한 모든 분야가 이에 속한다.

(2) 문자 언어 대상의 한국어학:
음성 언어의 시간적, 공간적 문제를 해결하기 위한 보조적 언어 수단이 문자 언어이다. 문자 언어를 대상으로 한국어학, 즉 '문자론'이 있다.

## 4. 연구 방법에 따른 분류

(1) 특정 시기의 한국어학:
언어 및 한국어는 역사성을 전제하고 있다. 그런데 대부분의 한국어학은 시간의 변화나 지역·사회의 분화·변이를 고려하지 않고 연구를 한다.

(2) 변천 및 분화·변이의 한국어학:
언어 및 한국어의 연구 분야에는 시간의 변화와 지리적·사회적 분화·변이가 중요한 학문도 있다. 즉, 한국어의 기원과 동일한 계통의 언어들을 밝히기 위해 비교연구를 하는 '계통론'이 있다. 또한 한국어는 지리적 및 사회적 환경에 따른 다양한 변이가 나타나는데, 이를 연구하는 분야가 '방언론'이라 한다.

이와 같이 한국어학은 분류 기준에 따라 다양하게 구분할 수 있다. 그중에서도 한국어학의 중심은 '음운론(음성학)', 문법론(형태론/통사론), '의미론'이다.

# 제3장 한국어의 특징

## 1. 계통 및 유형적 특징

인간의 언어는 계통론과 유형론에 따라 하위분류가 가능하다. 이에 따르면 한국어는 알타이 어족과 첨가어에 속할 개연성이 높은 언어[3]이다. 그러나 언어의 계통론, 유형론에 대한 종합적인 연구가 미진할 뿐만 아니라 정형화된 대응 체계를 설정할 수 없어 단정적인 주장이 힘든 상황이다.

## 2. 언어 구조적 특징

언어의 계통 및 유형적 측면과 달리 한국어의 특징이 가장 잘 드러나는 것은 음운, 문법, 어휘 구조이다.

(1) 음운적 특징

**① 예사소리 : 된소리 : 거센소리의 대립이 나타난다(=삼지적 상관속).**

| 한국어 | 영어 등 |
|---|---|
| 불:뿔:풀 | pabo |
| 유성음과 무성음의 대립 × | 유성음과 무성음의 대립 ○ |

---

3) 현재까지 밝혀진 연구 결과, 한국어가 인도-유럽 어족의 언어와 달리 알타이 어족의 언어와 유사하나는 것은 분명한 사실이다.

## ② 두음 법칙과 모음조화 현상이 나타난다.

| 두음 법칙 | 모음조화 |
|---|---|
| <u>여</u>(女)자/남<u>녀</u>(女) | 졸졸/줄줄 |
| <u>역</u>(歷)사/이<u>력</u>(歷) | 막아/먹어 |
| 음절의 첫 위치에 'ㄴ/ㄹ' 사용 × | 양성+양성 / 음성+음성 |

## ③ '장단', '높낮이', '연접'에 의한 의미 차이가 나타난다.

| 장단 | 높낮이 | 연접 |
|---|---|---|
| 눈[눈:] 雪 | 밥 먹어? ↗ | 사랑해 보고 싶다. |
| 눈[눈] 眼 | 밥 먹어. ↘ | 사랑해보고 싶다. |

## (2) 문법적 특징

### ① 문법적 관계를 표현하는 조사, 어미가 발달하였다.

| 조사 | 어미 |
|---|---|
| 사람{이/을/의/에게/부터/아/이다} | 먹{-다/고, 어서, 으면, 으니까…} |
| 주격/목적격/관형격/부사격/호격/서술격 | 종결 / 연결 |

### ② 주어+목적어+서술어(SOV)의 기본 어순[4]을 지닌다.

| 한국어 | 영어, 중국어 |
|---|---|
| 나는 너를 사랑한다. | I love you / 我愛你 |
| S O V | S V O |

---

4) 문장 성분이 문장 안에서 자유롭게 이동할 수 있는 특성을 '자유 어순'이라 한다. 그러나 수식어는 항상 피수식어 앞에만 올 수 있다는 제약 또한 한국어의 문법적 특징 중 하나이나. "새 옷을 입다."를 "옷을 새 입다."로 표현할 수는 없다.

### ③ 높임법의 체계가 발달하였다.

| 철수, 영희<u>가</u> 국어책을 <u>읽는다</u>. | 철수가 숙제를 <u>하다</u>. |
|---|---|
| 할아버지<u>께서</u> 신문을 <u>읽으신다</u>. | 형이 과제를 <u>했습니다</u>. |
| 주체 | 상대 |

## (3) 어휘적 특징

### ① '고유어-한자어-외래어'의 체계를 형성하고 있다.

| 고유어 | 한자어 | 외래어 |
|---|---|---|
| 생각<br><br>기초 어휘 | 사색, 사유, 상념 등<br><br>개념어, 추상어, 의미<br>분화 | 한국어처럼 쓰이는 외국어<br><br>cf) 외국어 |

### ② 고유어 중 감각어와 상징어가 발달하였다.

| 감각어 | 상징어 |
|---|---|
| 빨갛다-뻘겋다-새빨갛다-시뻘겋다 | 쌕쌕, 멍멍, 땡땡, 우당탕 |
| 짜다, 짜디짜다, 짭짤하다, 짭조름하다 | 아장아장, 엉금엉금, 번쩍번쩍 |

### ③ 친족어가 발달하였다.

| 한국어 | 영어 |
|---|---|
| 삼촌, 외삼촌, 고모부, 이모부 등 | uncle |

(4) 화용적 특징

### ① 발화 상황에 따라 주어, 목적어 등 성분의 생략 현상이 나타난다.

| 주어 생략 | 목적어 생략 |
|---|---|
| A: (너는) 어디 가?<br>B: (나는) 도서관(에) 가. | A: (너는) 밥(을) 먹었니?<br>B: 안 먹었어. 같이 (밥을) 먹을래? |

발화 상황에서 주어와 목적어가 분명한 경우 생략하는 것이 일반적이다.

### ② 화자의 심리적 태도나 의향을 표현하는 다양한 보조사가 나타난다.

| 보조사 '은/는' | 보조사 '만' |
|---|---|
| 형은 키가 크고 동생은 작다. | 철수만 시험에 합격하였다. |
| 대조 | 단독 |

### ③ 화자의 심리적 태도나 의향을 표현하는 다양한 보조 용언이 나타난다.

| 보조 동사 '-아/어 있다' | 보조 형용사 '-고 싶다' |
|---|---|
| 학생들이 의자에 앉아 있다. | 이번 방학에 제주도에 가고 싶다. |
| 완료 상태의 지속 | 희망 |

# 제II부 음운론

# 제1장 음성과 음운

## ▣ 음성과 음성 기관

(1) 음성의 정의

음성은 사람의 발음 기관을 통해 내는 구체적이고 물리적인 소리이다. 모든 음성은 발음하는 사람에 따라 발음하는 때에 따라 음성적 실현[1]이 달라진다.

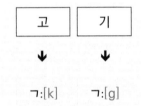

(2) 음성 기관의 종류

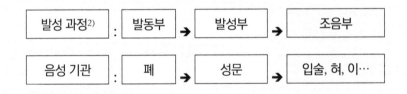

① 발성부의 기능:

폐에서 나온 공기가 성대를 진동시키면 '울림소리'로 실현되고 그렇지 않으면 '안울림소리'로 실현된다.

---

1) 앞뒤의 음성적 환경에 의해서도 구체적인 소리는 달라진다.
2) 날숨에 의해 폐 속의 공기가 이동(발동)하여 성문의 성대를 진동시키면 소리가 발생(발성)한다. 그 후, 입 안과 코안에서 특정한 소리를 고르게(조음) 된다.

② 조음부의 기능:

성문(성대)을 나온 공기가 입안[3]과 코안에서 다양한 소리를 나게 한다.

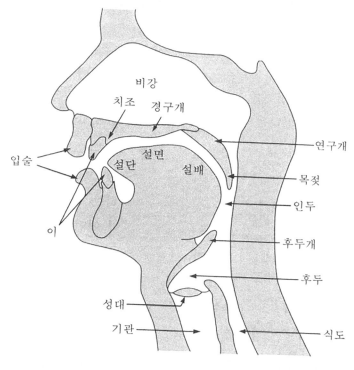

[음성 기관 단면도, 이익섭(2000)]

## 2 음운과 그 종류

(1) 음운의 정의

음운은 물리적·구체적 소리인 음성의 추상적·관념적 소리로, 말의 뜻을 구별하여 주는 소리의 단위[4]이다.

---

3) 입안의 중요한 음성 기관으로 '입천장(구개)', '이', '잇몸(치조)', '입술' 그리고 '혀'를 들 수 있다. 입천장은 딱딱한 부분을 '센입천장(경구개)', 여린 부분을 '여린입천장(연구개)'으로 분류한다.
4) 말소리의 뜻을 구별하는 기능을 '변별적 기능'이라 한다.

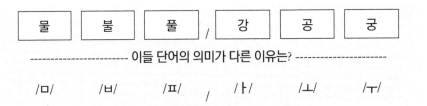

(2) 음운의 종류

음운은 다른 소리와 나눌 수 있느냐 그렇지 않느냐에 따라 '분절 음운'과 '비분절 음운'[5]으로 나뉜다.

모든 언어의 분절 음운은 자음과 모음으로 나누어진다. 그러나 비분절 음운은 언어마다 다르게 나타난다. 한국어는 소리의 길이가 음운 자격을 지닌다.

---

5) 자음, 모음으로 분절할 수 음운을 '음소', 그렇지 않은 비분절 음운은 '운소(韻素)'라고 부르기도 한다.

# 제2장 한국어의 음운

## 1 자음과 모음

(1) 정의

자음과 모음(분절 음운)은 성대에서 만들어진 소리가 음성 기관에서 장애를 받느냐 그렇지 않느냐에 따른 구분이다.

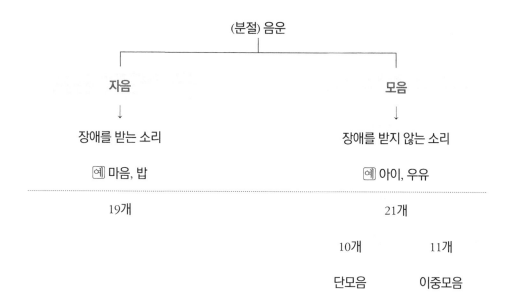

(2) 자음의 분류

① 기준(1): 조음 위치

두 입술소리 – 혀끝소리 – 센입천장소리 – 여린입천장소리 - 목청소리

- 음성 기관 단면도(23쪽) 참조 -

② 기준(2): 조음 방법

| | |
|---|---|
| 파열음 | 입 안 공기를 막았다가 터뜨리며 내는 소리. |
| 마찰음 | 입 안이나 목청 사이의 공간을 아주 좁혀서 공기가 그 사이를 비집고 마찰을 일으키며 내는 소리. |
| 파찰음 | 처음에 입안 공기를 막았다가 그 자리를 조금 열어 마찰을 일으키며 내는 소리. 파열음과 마찰음의 성격을 지니는 소리. |
| 비음 | 입 안 통로를 막아 공기가 코로 나가면서 내는 소리. |
| 유음 | 혀의 옆으로 공기가 나가면서 내는 소리. |

③ 자음 체계 표(기준1＋기준2)

| 조음 위치 \ 조음 방법 | | 두 입술소리 (양순음) | 혀끝소리 (치조음) | 센입천장 소리 (경구개음) | 여린입천장 소리 (연구개음) | 목청소리 (성문음) |
|---|---|---|---|---|---|---|
| 파열음 | 평 음 | ㅂ | ㄷ | | ㄱ | |
| 파열음 | 경 음 | ㅃ | ㄸ | | ㄲ | |
| 파열음 | 격 음 | ㅍ | ㅌ | | ㅋ | |
| 파찰음 | 평 음 | | | ㅈ | | |
| 파찰음 | 경 음 | | | ㅉ | | |
| 파찰음 | 격 음 | | | ㅊ | | |
| 마찰음 | 평 음 | | ㅅ | | | ㅎ |
| 마찰음 | 경 음 | | ㅆ | | | |
| 비 음 | | ㅁ | ㄴ | | ㅇ | |
| 유 음 | | | ㄹ | | | |

(3) 모음의 분류

단모음        발음 도중에 음성 기관(입술/혀)의 변화가 없는 모음

이중 모음      발음 도중에 음성 기관(입술/혀)의 변화가 있는 모음

## 단모음

① 기준(1): 혀의 위치

전(前)설 모음 – 후(後)설 모음

② 기준(2): 혀의 높이

고(高)모음 – 중(中)모음 - 저(低)모음

③ 기준(3): 입술의 모양

원순(圓脣) 모음 – 평순(平脣) 모음

④ 모음 체계 표(기준1＋기준2＋기준3)

| 혀의 위치 / 입술의 모양 / 혀의 높이 | 전설 모음 | | 후설 모음 | |
|---|---|---|---|---|
| | 평 순 | 원 순 | 평 순 | 원 순 |
| 고 모음 | ㅣ | ㅟ | ㅡ | ㅜ |
| 중 모음 | ㅔ | ㅚ | ㅓ | ㅗ |
| 저 모음 | ㅐ | | ㅏ | |

**이중 모음**

① 구조
- 반모음[6] + 단모음 : ㅑ, ㅒ, ㅕ, ㅖ, ㅛ, ㅘ, ㅙ, ㅝ, ㅞ, ㅠ
- 단모음 + 반모음 : ㅢ

② 종류
- 반모음 'ㅣ'에서 시작하는 이중 모음: ㅑ, ㅒ, ㅕ, ㅖ, ㅛ, ㅠ
- 반모음 'ㅗ/ㅜ'에서 시작하는 이중 모음: ㅘ, ㅙ, ㅝ, ㅞ
- 단모음 'ㅡ'에서 시작하는 이중 모음: ㅢ

## ② 비분절 음운

### (1) 정의

소리의 경계를 나눌 수 있는 자음, 모음과 달리 모음에 얹혀 분리할 수 없지만 의미 분화를 일으키는 요소가 있다. 이를 '비분절 음운'[7]이라 한다.

### (2) 종류

비분절 음운에는 '소리의 길이', '소리의 높낮이' 그리고 '소리의 강약'이 해당한다. 다만, 언어에 따라 비분절 음운의 역할이 달라진다. 예를 들면, '소리의 강약'의 경우 영어에서 중요한 만큼 한국어에서는 그렇지 않다.

---

6) 반모음은 단모음과 달리 독립된 음운도 아니며 음절을 형성하지도 못한다. 짧게 미끄러지듯이 발음된다 하여 '활음(活音)' 또는 단모음의 앞이나 뒤에 위치하여 이중 모음을 형성한다 하여 '과도음(過渡音)'이라 고도 한다.

7) '운율적 자질' 또는 '초분절 음운'으로도 부른다. 비분절 음운은 언어마다 다른 모습으로 나타난다.

### ❸ 한국어의 비분절 음운

(1) 소리의 길이

'소리의 길이'는 음의 '장단(長短)'으로, 모음을 길게 또는 짧게 발음하는 것이다. 한국어에서 '소리의 길이'는 모음에 얹혀 단어의 의미를 변별할 수 있다.

[굴:](窟) - [굴](貝類)　　[말:](言) - [말](馬)　　[밤:](栗) - [밤](夜)

[벌:](蜂) - [벌](罪)　　[장:](臟) - [장](市場)　　[돌:](石) - [돌](生日)

[가:정](家庭) - [가정](假定)　　　　[묻:다](問) - [묻다](埋)

**※ 표현적 장음**

의미의 분화가 아닌 화자의 태도나 감정을 나타내는 장음이다. 본래 소리의 길이와
관계없이 나타나는 것으로 화용적 기능을 가진다.

정[저~엉]말 싫어요.　　　　제가 개[가~]장 좋아하는 음식이에요.

(2) 소리의 높낮이

'소리의 높낮이'는 원래 한 음절이나 단어에 나타나는 것으로, 중국어와 중세 한국어에서 확인할 수 있다. 현대 한국어는 소리의 높낮이가 문장 전체에 나타나 문장의 종류를 구분[8]하기도 한다.

집에 가?⌒　의문문　　　집에 가.⌒　평서문　　　집에 가!→　명령문

---

8) 소리의 높낮이가 문장 전체에 나타나는 것을 '억양'이라 한다.

# 제3장 한국어의 음절

## ☐ 음운과 음절

### (1) 관계적 특징

음운과 음절은 모두 말소리의 단위이다. 음운(자음, 모음)은 단어의 의미를 분화시키는 기능만 할 뿐 자음으로 인해 발음 단위가 될 수 없다. 그러나 음절은 자음을 모음과 결합하여 발음을 할 수 있는 가장 작은 단위이다.

음운    ≤    음절

### (2) 음절의 개념

음절은 한 번에 소리 낼 수 있는 단위로 의미를 지니고 있지는 않다. 모든 말은 음절을 단위로 마디마디 발음된다.

외국어로서의 한국어교육

[음↓절]

[외구거로서의 한구거교육]9)

---

9) '외, 의'는 1음운 1음절, '구, 거, 로, 서, 교, 육'은 2음운 1음절, '한'은 3음운 1음절에 해당한다.

## 2 음절의 구조와 형태

### (1) 기본 구조

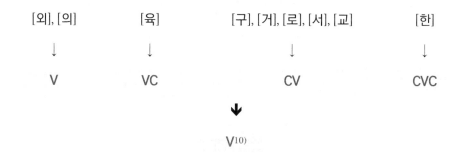

| [외], [의] | [육] | [구], [거], [로], [서], [교] | [한] |
|:---:|:---:|:---:|:---:|
| ↓ | ↓ | ↓ | ↓ |
| V | VC | CV | CVC |

$$\downarrow$$

V[10]

### (2) 기본 형태

[한]  :  [ㅎ]   +   [ㅏ]   +   [ㄴ]

(초성)　　　(중성)　　　(종성)

## 3 한국어 음절의 특징

### (1) 기본 특징

① 초성과 종성에는 하나의 자음만 올 수 있다(표기법과 다르다).
② 종성에는 'ㄱ, ㄴ, ㄷ, ㄹ, ㅁ, ㅂ, ㅇ'만 올 수 있다.
③ 음절과 음절 사이에 올 수 있는 자음은 최대 2개이다.
④ 초성에 [여자/*녀자], [노인/*로인]처럼 'ㄴ, ㄹ'을 꺼린다.
⑤ 초성의 'ㅇ'은 올 수 없다. 표기법상 '우유'의 'ㅇ'은 음가가 없다.

---

10) 음절이 성립되기 위한 필수적인 요소로, 한 음절 내에서 가장 두드러진 부분. 음절을 이루는 초성, 중성, 종성 중에서 중성이 이에 해당한다.

(2) 주의할 점

① 초성의 쌍자음은 하나의 자음으로 인식한다.
② 종성의 겹받침 표기와 발음의 다름을 인식한다.
③ 자음은 음절을 이룰 수 없어 음절의 수는 모음의 수이다.

(3) 연음 법칙

**환경: 음절의 받침 + 모음으로 시작되는 {형식/실질} 형태소**

① 받침 + 모음의 형식 형태소(조사, 어미, 접사): 앞 음절의 받침을 뒤 음절의
초성으로 이어서 발음한다.

예 옷이 찢어지다. → [오시 찌저지다]

② 받침 + 모음의 실질 형태소(단어): 앞 음절의 받침을 대표음으로 바꾼 후 뒤
음절의 초성으로 이어서 발음한다.

예 옷 안 → [옫안] → [오단]

# 제4장 음운의 변동 및 규칙

## ▣ 한국어 음운 변동

### (1) 정의

어떤 음운이 특정한 위치에 놓이거나 다른 음운과 결합할 때 소리가 달라지는 현상이다. 음운의 변동은 발음을 편하게 하기 위해 일어나는 경우가 많다.

| 낫 / 낮 / 낯 | → | [낟][11] | | 국물 | → | [궁물] |
|---|---|---|---|---|---|---|
| ㅅ / ㅈ / ㅊ | → | [ㄷ] | | ㄱ+ㅁ | → | [ㅇ+ㅁ] |

### (2) 종류

음운의 변동 현상에는 한 음운이 다른 음운으로 바뀌는 교체(동화), 두 음운이 하나의 음운으로 줄어드는 축약, 두 음운 중 한 음운이 없어지는 탈락, 없던 음운이 새로 생기는 첨가 등이 있다.

| ① | 교체 | 신라[실라] | : | ㄴ+ㄹ | → | [ㄹ+ㄹ] |
|---|---|---|---|---|---|---|
| ② | 축약 | 좋다[조타] | : | ㅎ+ㄷ | → | [ㅌ] |
| ③ | 탈락 | 여덟[여덜] | : | ㄹ+ㅂ | → | [ㄹ] |
| ④ | 첨가 | 맨입[맨닙] | : | ㄴ+ㅣ | → | [ㄴ+ㄴ+ㅣ] |

---

11) 표기상 'ㅅ, ㅈ, ㅊ'은 각기 다른 음운이다. 그러나 특정 환경(받침 자리)에서 동일한 [ㄷ]으로 발음되어 그 차이가 나타나지 않게 된다. 이를 '중화(中和)'라 한다.

## ② 음운의 교체(대치) 현상

(1) 음절의 끝소리 규칙

① 정의: 한국어에서 음절의 끝에서 발음되는 자음은 'ㄱ, ㄴ, ㄷ, ㄹ, ㅁ, ㅂ, ㅇ'
의 일곱 개뿐이다. 이 일곱 이외의 자음이 음절의 끝에 오면 이 일곱 자
음 중의 하나로 바뀌어 발음하는 현상이다.

② 용례:    ㅍ    →    ㅂ    예 앞[압], 잎[입]

ㅅ, ㅆ, ㅈ, ㅊ, ㅌ    →    ㄷ    예 옷[옫], 낮[낟], 꽃[꼳], 솥[솓]

ㄲ, ㅋ    →    ㄱ    예 밖[박], 부엌[부억]

(2) 비음화

① 정의: 비음이 아닌 'ㅂ, ㄷ, ㄱ'이 비음 'ㅁ, ㄴ'과 만나 비음 'ㅁ, ㄴ, ㅇ'으로 바
뀌게 된다. 즉, 서로 다른 두 음의 연속체 '파열음+비음'이 동일한 성격
의 '비음+비음'으로 바뀌는 것으로 이를 '동화(同化)'라 한다.

ㅂ, ㄷ, ㄱ        ㅁ, ㄴ        ㅁ, ㄴ, ㅇ        ㅁ, ㄴ
(무성 파열음)    +    (비음)    ⇒    (비음)    +    (비음)

② 종류: 비음화는 동화의 방향12)에 따라 다음의 세 가지 유형으로 나타난다.

• 제1유형 :    ㅂ, ㄷ, ㄱ    +    ㅁ, ㄴ    ⇒    ㅁ, ㄴ, ㅇ    +    ㅁ, ㄴ

예 머리를 잡는다. → 머리를 [잠는다].

예 용돈을 받는다. → 용돈을 [반는다].

예 출입을 막는다. → 출입을 [망는다].

---

12) 동화는 앞 음운의 영향으로 뒤 음운이 바뀌는 '순행 동화', 뒤 음운의 영향으로 앞 음운이 바뀌는 '역행
동화', 앞과 뒤의 두 음운이 서로 영향을 주어 바뀌는 것을 '상호 동화'라 한다. 제1유형(역행), 제2유형
(순행), 제3유형(상호)에 해당한다.

- 제2유형 : ㅁ, ㅇ  +  ㄹ  ⇒  ㅁ, ㅇ  +  ㄴ

예 적의 <u>침략</u>. → [침냑]

예 <u>강릉</u>, <u>종로</u>, <u>대통령</u> → [강능, 종노, 대:통녕]

- 제3유형 : ㅂ, ㄷ, ㄱ  +  ㄹ  ⇒  ㅂ, ㄷ, ㄱ  +  ㄴ
⇓
ㅁ, ㄴ, ㅇ  +  ㄴ

예 십 리 → [십니] → [심니]

예 몇 리 → [멷리] → [멷니] → [면니]

예 독립 → [독닙] → [동닙]


(3) 유음화

① 정의: 비음 'ㄴ'이 유음 'ㄹ'의 앞과 뒤에서 유음 'ㄹ'로 바뀌는 현상이다. 이 역시 동화13)의 일종이다.

$$\begin{matrix} ㄴ & & ㄹ & & ㄹ & & ㄹ \\ ㄹ & + & ㄴ & ⇒ & & + & \end{matrix}$$

② 종류: 유음화는 다음의 두 가지 유형으로 나타난다.

- 제1유형 : ㄴ  +  ㄹ  ⇒  ㄹ  +  ㄹ

예 <u>난로</u>, <u>신라</u>, <u>선릉</u>(역) → [날로, 실라, 설릉]

- 제2유형 : ㄹ  +  ㄴ  ⇒  ㄹ  +  ㄹ

예 <u>칼날</u>, <u>달님</u> → [칼랄, 달림]

---

13) 동화는 완전히 같은 소리로 바뀌는 '완전 동화'(신라[실라])와 비슷한 소리로 바뀌는 '불완전 동화'(강릉[강능])로 구분하기도 한다.

③ 예외: 유음화의 환경에서 유음 'ㄹ'이 비음 'ㄴ'으로 바뀌는 경우가 있다.

의견란[의:견난] 임진란[임:진난] 생산량[생산냥] 결단력[결딴녁]
공권력[공꿘녁] 동원력[동:원녕] 상견례[상견녜] 횡단로[횡단노]
이원론[이:원논] 입원료[이붠뇨] 구근류[구근뉴]

(4) 구개음화

① 정의: 음절의 끝소리가 'ㄷ, ㅌ'인 형태소가 모음 'ㅣ'나 반모음 'ㅣ(j)'로 시작되는 형식 형태소[14]와 만나면 구개음 'ㅈ, ㅊ'으로 바뀌는 동화 현상이다.

ㄷ, ㅌ     ㅣ     ㅈ, ㅊ     ㅣ
(치경음)  +  (구개 위치) ⇒ (구개음)  +  (구개 위치)

② 종류: 구개음화는 다음의 두 가지 유형으로 나타난다.

• 제1유형 : ㄷ, ㅌ + ㅣ ⇒ ㅈ, ㅊ + ㅣ

예 굳이[구지], 해돋이[해도지], 같이[가치]

• 제2유형 : ㄷ + 히 ⇒ 티 ⇒ 치

예 닫히다[다티다→다치다], 굳히다[구티다→구치다]

(5) 된소리되기(경음화)

① 정의: 특정한 환경에서 예사소리가 된소리로 바뀌는 현상이다.

---

14) 구개음화가 일어나는 조건은 두 가지이다. 첫째, 두 형태소 사이에서 일어난다(한 형태소에서는 일어나지 않는다). 둘째, 모음(반모음) 'ㅣ'로 시작되는 형식 형태소가 결합되어야 한다. 따라서 한 형태소로 구성되어 있는 '잔디[잔지]', '느티나무[느치나무]'는 구개음화가 일어나는 환경이 아니다.

$$
\text{ㅂ, ㄷ, ㄱ} \quad + \quad \begin{matrix} \text{ㄱ, ㄷ,} \\ \text{ㅂ, ㅅ, ㅈ} \end{matrix} \quad \Rightarrow \quad \text{ㅂ, ㄷ, ㄱ} \quad + \quad \begin{matrix} \text{ㄲ, ㄸ,} \\ \text{ㅃ, ㅆ, ㅉ} \end{matrix}
$$

② 종류: 된소리되기는 다음의 다섯 가지 유형으로 나타난다.

제1유형 　ㅂ, ㄷ, ㄱ　+　ㄱ, ㄷ, ㅂ, ㅅ, ㅈ　⇒　ㅂ, ㄷ, ㄱ　+　ㄲ, ㄸ, ㅃ, ㅆ, ㅉ

　　　　예 국밥[국빱], 믿자[믿짜], 춥고[춥꼬], 먹다[먹따], 젖소[젇쏘]

제2유형 　어간 받침 'ㄴ(ㄵ), ㅁ(ㄻ)' + 'ㄱ, ㄷ, ㅅ, ㅈ'[15] ⇒ ㄲ, ㄸ, ㅆ, ㅉ

　　　　예 신고[신ː꼬], 앉고[안꼬], 삼고[삼ː꼬], 닮고[담ː꼬]

제3유형 　어간 받침 'ㄼ, ㄾ' + ㄱ, ㄷ, ㅅ, ㅈ ⇒ ㄲ, ㄸ, ㅆ, ㅉ

　　　　예 넓게[널께], 떫지[떨찌], 핥다[할따], 훑소[훌쏘]

제4유형 　한자어 'ㄹ' 받침 뒤[16] + 'ㄷ, ㅅ, ㅈ' ⇒ ㄸ, ㅆ, ㅉ

　　　　예 갈등[갈뜽], 말살[말쌀], 갈증[갈쯩]

제5유형 　관형사형 '-(으)ㄹ' 뒤 + 'ㄱ, ㄷ, ㅂ, ㅅ, ㅈ' ⇒ ㄲ, ㄸ, ㅃ, ㅆ, ㅉ

　　　　예 할 것을[할꺼슬], 갈 데가[갈떼가], 할 바를[할빠를]
　　　　　　할 수는[할쑤는], 할 적에[할쩌게]
　　　　※ 다만, 끊어서 말할 적에는 예사소리로 발음한다.

　　　　'-(으)ㄹ'로 시작되는 어미의 경우에도 이에 준한다.

　　　　예 할걸[할껄], 할밖에[할빠께], 할세라[할쎄라],
　　　　　　할지라도[할찌라도], 할진대[할찐대]

---

15) 다만, 피동, 사동의 접미사 '-기-'는 된소리로 발음하지 않는다. 예 안기다[안기다], 감기다[감기다], 굶기다[굼기다], 옮기다[옴기다]
16) 같은 한자가 겹쳐진 단어의 경우에는 된소리로 발음하지 않는다. 예 허허실실[허허실실](虛虛實實), 절절하다[절절하다](切切-)

## 3 음운의 축약 현상

(1) 자음의 축약
    ① 정의: 예사소리인 'ㄱ, ㄷ, ㅂ, ㅈ'이 'ㅎ'을 만나 거세소리인 'ㅋ, ㅌ, ㅍ, ㅊ'로 바뀌는 현상이다.

    ② 용례:  ㄱ(ㄺ) + ㅎ  →  ㅋ  예 축하[추카], 밝히다[발키다], 좋고[조코]

             ㄷ + ㅎ  →  ㅌ  예 맏형[마텽], 좋다[조타]

             ㅂ(ㄼ) + ㅎ  →  ㅍ  예 좁히다[조피다], 넓히다[널피다]

             ㅈ(ㄵ) + ㅎ  →  ㅊ  예 꽂히다[꼬치다], 앉히다[안치다], 좋지[조치]

(2) 모음의 축약
    ① 정의: 두 개의 모음이 만나 하나의 모음으로 변하거나 두 개의 단모음이 하나의 이중 모음으로 줄어드는 현상[17]이다.

    ② 용례:  ㅏ, ㅗ/ㅜ + ㅣ  →  ㅐ, ㅚ/ㅟ  예 아이>애, 보이다>뵈다, 누이다>뉘다

             ㅣ + ㅓ  →  ㅕ(j+ㅓ)  예 가지+어>가져, 그리+어>그려

             ㅣ + ㅗ  →  ㅛ(j+ㅗ)  예 하지+오>하죠

             ㅗ + ㅏ  →  ㅘ(w+ㅏ)  예 오+아라>와라, 보+았다>봤다

             ㅜ + ㅓ  →  ㅝ(w+ㅓ)  예 주+어라>줘라, 두+어>둬

---

17) 모음의 축약 결과 음절이 줄어든다. '이야기>얘기=ㅣ+ㅑ>ㅒ, 뜨이다>띄다=ㅡ+ㅣ>ㅢ, 되었어>됐어=ㅚ+ㅓ>ㅙ'와 같다.

# 4 음운의 탈락 현상

(1) 자음군 단순화

① 정의: 음절의 끝에 두 개의 자음이 올 때, 이 중에서 한 자음이 탈락하는 현상이다.

② 용례:  ㄳ, ㄵ, ㄶ, ㄼ, ㄽ, ㄾ, ㅀ, ㅄ  →        뒤 자음 탈락

예 넋[넉], 앉다[안따], 많아[만아→마나], 넓다[널따], 외곬[외골], 핥다[할따], 싫어[실어→시러], 값[갑]

### ※ 'ㄼ'의 발음 주의

1. 원칙 발음: ㄼ → [ㄹ] 예 여덟[여덜]
2. 예외 발음: ㄼ → [ㅂ]

예 밟다[<u>밥</u>:따], 넓죽하다[<u>넙</u>쭈카다], 넓둥글다[<u>넙</u>뚱글다]

ㄺ, ㄻ, ㄿ      →        앞 자음 탈락

예 닭[닥], 삶[삼:], 읊다[읖다→읍따]

### ※ 'ㄺ'의 발음 주의

1. 원칙 발음: ㄺ → [ㄱ] 예 흙[흑]
2. 예외 발음: ㄺ → [ㄹ](용언 어간 말음 ㄺ+ 'ㄱ')

예 맑게[말게], 묽고[물꼬], 늙고[늘꼬]

(2) 음운 탈락

① 정의: 두 개의 음운이 이어질 때, 어느 한 음운이 탈락하는 현상이다.
② 종류: 자음 탈락과 모음 탈락 두 가지 유형으로 나타난다.

◆ 자음 탈락

| 'ㄹ' 탈락 | 환경 | 받침 'ㄹ' + 'ㄴ, ㄷ, ㅅ, ㅈ' |
|---|---|---|
| 'ㅎ' 탈락 | | 받침 'ㅎ' + 모음의 형식 형태소 |

예 살-+니→[사:니], 달+달이→[다달이], 활+살→[화살], 바늘+질→[바느질]

예 넣어→[너어], 쌓이다→[싸이다]

* 모음 탈락

| '_' 탈락 | 환경 | 어간 받침 '_' + '아/어'로 시작하는 어미 |
| --- | --- | --- |
| 동일 모음 탈락 | | 어간 말 모음 + 어미 초 모음이 동일할 때 |

예 크-+-어서→[커서], 쓰-+어→[써], 끄-+-어→[꺼]

예 가-+-아서→[가서], 서-+-었다→[섰다]

## 5 음운의 첨가 현상

(1) 'ㄴ' 첨가

① 정의: 앞말이 자음으로 끝나고 뒷말이 'ㅣ'나 반모음 'ㅣ(j)'로 시작할 때 'ㄴ'이 그 사이에 덧붙는 현상이다.

② 용례:      자음 + (반)모음 'ㅣ'      →           자음 + ㄴ + (반)모음 'ㅣ'

예 맨입→[맨닙], 솜이불→[솜:니불], 한여름→[한녀름]

(2) 반모음 첨가

① 정의: 모음으로 끝나는 형태소 뒤에 단모음의 형태소가 올 때 반모음 'ㅣ(j)'가 덧붙는 현상이다.

② 용례:      모음 + 단모음      →           모음 + (반)모음 'ㅣ' + 단모음

예 피어→[피어/피여], 되어→[되어/되여]

# 제5장 어감(語感)의 분화

## 1 정의

음운은 의미를 분화하는 기능을 한다. 그래서 자음과 모음이 달라지면 그 의미가 달라지는 것이다. 그런데 일부 단어에서는 자음과 모음의 변화에도 불구하고 기본적인 의미는 그대로이면서 말소리나 말투의 차이에 따른 느낌이 달라지는 경우[18]가 있다.

<table>
<tr><td>수돗물이 <u>졸졸</u> 흐르다</td><td>수돗물이 <u>졸졸</u> 흐르다</td></tr>
<tr><td>수돗물이 <u>줄줄</u> 흐르다</td><td>수돗물이 <u>쫄쫄</u> 흐르다</td></tr>
<tr><td>모음의 대립</td><td>자음의 대립</td></tr>
</table>

## 2 종류

(1) 모음의 대립

①  양성 모음      ㅏ, ㅗ, ㅑ, ㅛ 등    : 작고 가벼움, 밝고 강함

②  음성 모음      ㅓ, ㅜ, ㅕ, ㅠ 등    : 크고 무거움, 어둡고 약함

예 소곤소곤 : 수군수군, 찰랑찰랑 : 철렁철렁, 깜깜하다 : 껌껌하다 등

---

[18] 한국어 어휘의 한 특징인 감각어와 상징어에 이러한 현상이 두드러지게 나타난다.

(2) 자음의 대립

① 예사소리　　　ㄱ, ㄷ, ㅂ, ㅅ, ㅈ　　: 순하고 부드러움

② 된소리　　　　ㄲ, ㄸ, ㅃ, ㅆ, ㅉ　　: 강하고 단단함[19]

③ 거센소리　　　ㅋ, ㅌ, ㅍ, ㅊ　　　: 더 크고 거침

예 달각달각 < 딸깍딸깍, 저벅저벅 < 처벅처벅, 덜썩 < 털썩
조금 < 쪼금 < 쪼끔[20], 빙빙 < 삥삥 < 핑핑, 감감하다 < 깜깜하다 < 캄캄하다

## ※ 모음 조화(母音調和)

1. 정의: 양성 모음은 양성 모음끼리,
   음성 모음은 음성 모음끼리 어울리는 현상이다.
2. 용례: 용언의 활용 및 의성어/의태어 등

예 깎- + -아{-아서, -아도, -아야, -아라, -았-}
먹- + -어{-어서, -어도, -어야, -어라, -었-}
식식(<씩씩) : 색색(<쌕쌕), 번쩍번쩍 : 반짝반짝

---

19) 예사소리에 비해 어감이 센 느낌을 주는 말로, '센말'이라 한다.
20) '쪼금'은 '조금'보다 센 느낌을 주는 말, '쪼끔'은 '조금'보다 아주 센 느낌을 주는 말이다.

# 제Ⅲ부 형태론(단어)

# 제1장 문법의 단위

## 1 개념

언어 단위 가운데 뜻을 가지고 있는 단위를 문법 단위라 한다. 문법 단위에는 형태소, 단어, 어절, 구, 절, 문장 따위가 있다.

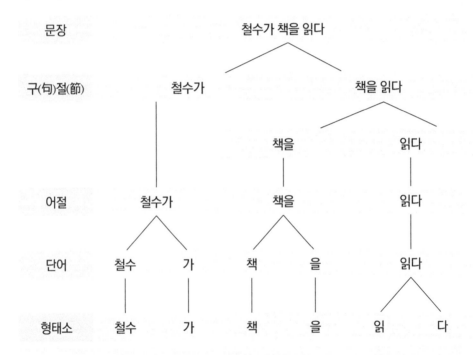

### ※ 언어/문법 단위의 분석 원리

1. 직접 성분(直接成分): 하나의 구조를 두 개의 구성 성분으로 나누는 것을 그 구조의 직접 성분이라 한다.
2. 언어 단위: **문장〉구/절〉어절〉단어〉형태소**〉음절〉음운
   문법 단위: **문장〉구/절〉어절〉단어〉형태소**

## ② 문장과 어절

**(1) 문장의 개념**

문장은 생각이나 감정을 말과 글로 표현할 때 완결된 내용을 나타내는 최소의 단위로, '.', '?', '!' 따위의 문장 부호를 사용한다.

**(2) 어절의 개념**

어절은 문장을 구성하고 있는 도막도막의 마디이다. 글을 쓸 때 띄어쓰기, 발화할 때 발음하는 단위와 일치한다.

**(3) 구(句)의 개념**

구는 둘 이상의 어절이 결합한 문법 단위로, 주-술 관계를 맺지 않는다.

| <u>문장</u> | <u>철수가(어절)</u> | <u>책을(어절) 읽는다(어절)</u> |
|---|---|---|
| | (주어) | (서술어구) |

## ③ 단어와 형태소

**(1) 단어의 개념**

단어는 어절을 이루는 구성 요소로, 자립하여 쓰일 수 있는 최소의 문법 단위이다. 다만, 조사는 자립성은 없지만 그 앞의 자립어와 쉽게 분리될 수 있다는 점에서 단어로 다루고 있다.

| 자립성 | 나무 / 그 / 하나 / 새 / 매우 / 와 | 읽다 / 예쁘다 |
|---|---|---|
| 분리성 | 이/가, 을/를 | |

**(2) 형태소의 개념**

형태소는 단어를 이루는 구성 요소로, 일정한 의미(실질적 의미+문법적 의미)를 지닌 최소의 문법 단위이다.

| 의미 | 철수 | 가 | 책 | 을 | 읽 | 다 |
|------|------|------|------|------|------|------|
|      | (실질) | (문법) | (실질) | (문법) | (실질) | (문법) |

(3) 형태소의 종류

형태소는 자립성의 유무와 실질적 의미의 유무에 따라 다음과 같이 나뉜다.

① 자립성
- 자립 형태소: 홀로 쓰일 수 있는 형태소 예 철수, 책
- 의존 형태소: 홀로 쓰일 수 없는 형태소 예 -가, -을, 읽-, -다

② 실질의미
- 실질 형태소: 실질적인 뜻을 지닌 형태소 예 철수, 책, 읽-
- 형식 형태소: 문법적인 뜻을 지닌 형태소 예 -가, -을, -다

### ※ 단어/형태소의 구분 기준

| 단어 | 철수 | 가 | 책 | 을 | 읽다 |
|------|------|------|------|------|------|
|      | (자립) | (분리) | (자립) | (분리) | (자립) |

----------------------(기준) 자립/분리성 유무----------------------

| 형태소 | 철수 | 가 | 책 | 을 | 읽 | 다 |
|--------|------|------|------|------|------|------|
|        | (자립) | (분리) | (자립) | (분리) | (자립×) | (분리×) |

※ 형태소에 해당하는 용언의 어간과 어미는 자립성과 분리성이 없다.
따라서 단어를 자립성을 갖춘 가장 작은 문법 단위라 한다.

## ※ 형태소/음절의 구분 기준

| 형태소 | 철수 | 가 | 책 | 을 | 읽 | 다 |
|---|---|---|---|---|---|---|
| | (실질) | (문법) | (실질) | (문법) | (실질) | (문법) |

----------------------(기준) 의미 유무----------------------

음절
음운        실질 또는 문법적 의미를 지니지 않음.

※ 형태소를 구성하는 음절 이하의 단위는
더 이상 아무런 의미를 지니지 않는다.
따라서 형태소를 의미를 지닌 가장 작은 문법 단위라 한다.


(4) 형태소의 이형태(異形態)

형태소는 주변 환경에 따라서 그 모습이 달라질 수 있는데, 이때, 달라진 한 형태소의 여러 모양을 '이형태', 또는 '변이형(태)'라고 한다.

**주격 조사**       '가'   /   '이'

※ 주격 조사 '가'의 이형태는 '이', 주격 조사 '이'의 이형태는 '가'가 된다.


① 음운론적 이형태:

특정 음운 조건에서 형태소의 모양이 달라지는 이형태이다. 주격 조사 '이' 와 '가'는 앞 음절의 받침이 있는지(자음) 없는지(모음)에 따라 형태소의 모양이 달라진다. 예 '을/를', '와/과', '-았/었-' 등


② 형태론적 이형태:

특정 음운 조건이 아닌 특정 형태소에 의해 달라지는 이형태이다. 예 '-여, -여서, -였, -여라' 등

| | | | |
|---|---|---|---|
| **음운론적 이 형 태** | 양성 모음 | + | '-아', '-아서', '-았-', '-아라' |
| | | | 예 '막-': 막아, 막아서, 막았다, 막아라. |
| | 음성 모음 | + | '-어', '-어서', '-었-', '-어라' |
| | | | 예 '먹-': 먹어, 먹어서, 먹었다, 먹어라. |
| **형태론적 이 형 태** | 형태 '하-' | + | '-여', '-여서', '-였-', '-여라' |
| | | | 예 '하-': 하여, 하여서, 하였다, 하여라. |

# 제2장 한국어의 단어

## ① 단어의 성격

### (1) 형태소와 단어

단어는 형태소가 모여 이루어지는 것으로, 형태소의 상위 문법 단위이다. 그러나 한 개의 형태소가 하나의 단어를 형성하기도 하고, 두 개 이상의 형태소가 결합하여 단어를 형성하기도 한다. 따라서 단어는 한 개 이상의 형태소로 구성되는 문법 단위이다.

| | |
|---|---|
| **1형태소** | 나무, 책 / 그, 철수 / 하나 / 새 / 매우 / 와 / 가, 을 |
| **2형태소** | 읽다(읽-, -다) / 예쁘다(예쁘-, -다) |
| **3형태소** | 읽었다(읽-, -었-, -다) |

### (2) 단어의 설정 기준

제1장 '문법의 단위'에서 단어 설정의 기준으로 '(최소) 자립성'과 '분리성'을 들었다. 그러나 '눈물, 작은형'은 두 개의 최소 자립형식이 결합한 구조로, 최소 자립형식이라는 기준이 모든 단어를 설명할 수 없게 된다. 이를 보완할 수 있는 추가 기준이 바로 휴지(pause)와 분리성(isolability)이다.

### ※ '휴지'와 '분리성'

1. 개념: 앞과 뒤의 단어 사이에는 휴지를 둘 수 있으나 한 단어의 내부에는 휴지를 둘 수 없다. 휴지를 둘 수 없기에 다른 단어를 넣을 수 없다.
2. 용례

| | 휴지 | 분리성 |
|---|---|---|
| 작은형 | ✓작은형✓ | *작은{우리/철수}형 |
| 작은 형 | ✓작은✓형✓ | (키가) 작은 (우리/철수) 형 |

(3) 단어의 특징

① 단어는 문장 내에서 자립하여 쓰일 수 있는 말이나 자립할 수 있는 형태소에 붙어 쉽게 분리될 수 있는 말로, 품사 분류와 사전 등재의 기본 단위이다.

② 모든 단어는 띄어 쓰는 것을 원칙으로 한다. 단, 조사는 앞말에 붙여 써야 한다.

③ 어미는 자립성이 없다는 점에서 조사와 동일하나 앞말과 분리할 수 없다는 이유로 단어로 인정하지 않는다.

④ 의존 명사와 보조 용언도 자립성이 없지만 자립 형태소의 출현 환경에서 나타나고 어휘적인 의미를 지니고 있기에 단어(준자립형식, 준자립어)로 분류한다.

⑤ 복합어는 둘 이상의 형태소로 나눌 수 있지만 한 단어로 간주한다.

## ② 단어의 구조 분석과 유형

(1) 직접 구성 요소(IC 분석)

모든 언어 단위는 구성 요소가 결합하여 더 큰 구조를 형성한다. 구조를 형성하는 구성 요소들의 층위를 알아보기 위해서는 해당 구조를 두 부분으로 나누어야 하는데, 이때 나누어진 각각을 구조의 직접 구성 요소라 한다.

### ※ '금목걸이'의 IC 분석

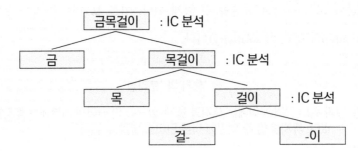

(2) 단어의 유형

단어는 IC 분석 결과 몇 개의 형태소로 구성되었느냐에 따라 일차적으로 단일어와 복합어로 나눌 수 있다. 아래의 단어를 이에 따라 구분해보자.

단일어는 '하늘, 읽다[1]'처럼 하나의 실질 형태소(어근)로 이루어진 단어를 의미한 다. 반면 복합어는 단어의 형성에 둘 이상의 구성 요소가 결합한 구조를 지닌다. '햇 밤, 듣기'처럼 실질 형태소(어근)에 형식 형태소(접사)가 결합한 단어를 '파생어'라 하 고, '꽃밭'처럼 실질 형태소(어근)끼리 결합한 단어를 '합성어'라 한다.

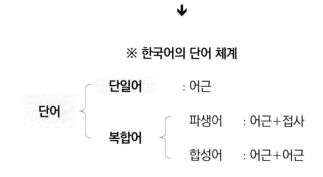

---

1) '하늘'은 더 이상 쪼개면 의미를 상실하기에 하나의 실질 형태소로 된 단일어이다. '읽다'는 '읽-'과 '-다'의 두 형태소로 분석할 수 있지만 어미 '-다'는 단어의 형성에 관여하지 않는 요소이기에 이 역시 하나의 실 질 형태소로 이루어진 단일어에 속한다.

## ③ 단어의 구성 요소

**(1) 어근/접사의 정의**

  어근(語根)은 단어의 구성 요소 가운데 실질적인 의미를 나타내는 중심 부분이며, 접사(接辭)는 어근의 앞뒤에 붙어 그 의미를 제한하는 주변 부분이다.

| 어근 | 하늘 | 읽- | 밤 | 듣- | 꽃 | 밭 |
|------|------|-----|----|-----|----|----|
| 접사 |      |     | 햇- | -기 |    |    |

**(2) 어근/접사의 종류**

  ① 어근은 품사가 분명하고 조사나 어미가 자유롭게 붙을 수 있느냐에 따라 규칙적 어근과 불규칙적 어근으로 나눈다.

| 규칙적 어근 | 지붕 | 햇밤 | 높이 | 덮개 |
|------------|------|------|------|------|
|            | 집   | 밤   | 높-  | 덮-  |
| 불규칙적 어근 | 아름답다 | 넉넉하다 | 따뜻하다 |
|              | 아름-2) | 넉넉- | 따뜻- |

  ② 접사는 위치에 따라 접두사와 접미사로 구분할 수 있으며 기능에 따라 한정적 접사와 지배적 접사로 구분할 수 있다.

|      | 접두사 | 접사 | + | 어근 | 예 군-, 햇-, 덧-, 드- |
|------|--------|------|---|------|----------------------|
| 위치 |        |      |   |      |                      |
|      | 접미사 | 어근 | + | 접사 | 예 -음, -답다, -하다   |

---

2) 불규칙적 어근은 자립성이 없을 뿐만 아니라(*아름/*따뜻) 조사 결합에 제약(*아름이, *아름을/*따뜻이, *따뜻에)이 나타난다.

|  |  | 어근의 의미만 제한 / 품사 변화 × |
|---|---|---|
| **기능** | **한정적 접사** | 예 군-(군밤:n→n), 햇-(햇밤:n→n)<br>예 -이(먹이다:v→v), -다랗(높다랗다:a→a) |
|  | **지배적 접사** | 어근의 의미만 제한 / 품사 변화 ×<br>예 -개(덮개:v→n), -기(크기:a→n) |

※ 접두사는 품사를 바꾸는 일이 없어 한정적 접사로만 기능한다.
그러나 접미사는 지배적 접사와 한정적 접사의 두 가지 기능으로 쓰인다.


(3) '어근/접사'와 '어간/어미'

어근과 어간은 실질 형태소, 접사와 어미는 형식 형태소라는 공통점이 있다. 그러나 어근과 접사는 단어의 형성 과정과 관련되며, 어간과 어미는 용언의 활용 과정과 관련된다는 차이점이 분명하다.


**단어의 형성**

| 밟다 | | 짓밟다 | | |
|---|---|---|---|---|
| 밟- | 어근 | 짓- | 접사 | 밟- 어근 |
| 단일어 | | 파생어 | | |


**용언의 활용**

| 밟다 | | 짓밟다 | |
|---|---|---|---|
| 밟- | -다 | 짓밟- | -다 |
| 어간 | 어미 | 어간 | 어미 |

# 제3장 한국어의 단어 형성

## ▣ 파생법에 의한 단어의 형성

파생법(派生法)은 어근이나 기존 단에 파생 접사가 결합하여 새로운 단어를 만드는 방법으로, 생산적인 단어 형성법이다. 한국어의 파생 접사는 접두사와 접미사 두 가지가 있다.

(1) 접두 파생법
　　① 특징: 접두사는 뒤에 오는 어근의 의미를 제한할 뿐 품사를 바꾸지 못 하는 한정적 기능만 담당한다.
　　② 종류: 접두 파생법에 의해 형성되는 주된 품사는 명사, 동사, 형용사이다. 이에 따라 명사와 용언에 결합하는 접두사로 나눌 수 있다.

| | |
|---|---|
| **접두사+명사** | 날고기, 덧신, 맏아들, 맨발, 애호박, 홀몸 |
| **접두사+동사** | 설익다, 빗나가다, 엿보다, 짓밟다, 헛돌다 |
| **접두사+형용사** | 드높다, 새파랗다 |
| **접두사+부사** | 외따로 |

| 접두사 | 의미 | 용례 및 비고 |
|---|---|---|
| 날- | 생것 / 아주 지독한 | 날도둑 |
| 맏- | 맏이 | _____ |
| 덧- | 거듭 | 덧신다(V) |
| 드- | 정도가 한층 높게 | _____ |
| 맨- | 오직 그것뿐인 | _____ |
| 빗- | 잘못 | _____ |
| 새- | 빛깔이 짙고 산뜻하게 | _____ |
| 설- | 충분하지 못하게 | _____ |
| 애- | 어린 | _____ |
| 엿- | 몰래 | _____ |
| 외- | 혼자인, 하나인, 한쪽에 치우친 / 홀로 | _____ |
| 짓- | 마구, 함부로, 몹시 / 심한 | _____ |
| 홀- | 짝이 없음 | _____ |
| 헛- | 보람 없이 | 헛수고(N) |

(2) 접미 파생법
  ① 특징: 접미사는 어근의 의미를 제한하는 한정적 기능뿐만 아니라 품사를 바꾸는 지배적 기능도 담당한다.
  ② 종류: 접미 파생법은 품사의 변화 없이 의미만 제한하는 어휘적 파생법과 품사를 바뀌게 하는 통사적 파생법으로 나누어진다.

| | | |
|---|---|---|
| 파생<br>명사 | 어휘적 파생어 | 사냥꾼(사냥+꾼), 잎사귀(잎+사귀) |
| | 통사적 파생어 | 용언 + '-(으)ㅁ3)' / '-이' / '-기'<br>예 얼음, 슬픔 / 먹이, 넓이 / 듣기, 크기 |
| 파생<br>동사 | 어휘적 파생어 | 놓치다(놓+-치-), 깨뜨리다(깨+-뜨리-) |
| | 통사적 파생어 | 명사, 형용사, 부사 → 동사<br>예 공부하다, 밝히다, 반짝거리다 |
| 파생<br>형<br>용<br>사 | 어휘적 파생어 | 높다랗다(높+-다랗-) |
| | 통사적 파생어 | 명사, 동사, 관형사, 부사 → 형용사<br>예 가난하다, 미덥(-업-)다, 새롭다,<br>차근차근하다 |
| 파생<br>부사 | 어휘적 파생어 | - |
| | 통사적 파생어 | 명사, 동사, 형용사 → 부사<br>예 다행히, 마주(맞-+-우), 많이, 빨리 |

## ※ 접미사의 의미/기능(1)

| 접미사 | 의미 | 용례 및 비고 |
|---|---|---|
| -꾼 | 전문적, 습관적으로 하는 사람 | 씨름꾼 |

---

3) '-(으)ㅁ'은 파생 접사뿐만 아니라 명사형 어미로도 기능한다. "철수가 돼지꿈을 꿈"에서 앞의 '꿈'은 동사
'꾸-'에 명사 파생 접사 '-ㅁ'이 결합한 파생 명사인 반면, 뒤의 '꿈'은 동사 '꾸다'의 명사형으로, 주어에 대
한 서술어 구실을 한다.

| | | |
|---|---|---|
| -사귀 | 낱낱의 잎 | _____ |
| -치- | 강세의 뜻 | _____ |
| -뜨리- | 강세의 뜻 | _____ |
| -다랗- | 정도를 의미하는 형용사 | 굵다랗다 |
| -질 | 노릇과 짓 | 낚시질, 도둑질 |
| -장이 | 기술을 지닌 사람 | _____ |

### ※ 접미사의 의미/기능(2)

| 기능 | 접미사 | 용례 및 비고 |
|---|---|---|
| 명사 파생 | '-(으)ㅁ, -이, -기, -개 | 지우개 |
| 동사 파생 | -하-, -히-, -거리- | _____ |
| 형용사 파생 | -하-, -롭-, -다랗- | _____ |
| 피동 파생 | -히-, -리- | 닫히다, 밀리다 |
| 사동 파생 | -추-, -이우- | 낮추다, 세우다 |
| 부사 파생 | -히-, -오/우-, -이 | _____ |

## ② 합성법에 의한 단어의 형성

합성법(合成法)은 파생 접사 없이 어근과 어근이 결합하여 새 단어를 만드는 생산적인 단어 형성법이다. 합성법에 의해 형성된 합성어는 두 어근의 결합 방식에 따라 통사적(統辭的) 합성어와 비통사적(非統辭的) 합성어로 구분할 수 있다.

(1) 통사적 합성어

　　① 특징: 통사적 합성어는 두 어근의 결합 방식이 한국어의 단어 배열법4)과 일
　　　　치하는 합성어이다.

　　② 종류: 한국어의 단어 배열법과 같은 유형의 합성어는 다음과 같다.

| | |
|---|---|
| **관형사+명사** | 예 새해, 온종일, 첫사랑 |
| **부사+용언** | 예 앞서다, 마주서다, 잘하다 |
| **명사+명사** | 예 앞뒤, 밤낮, 집안, 마소 |
| **관형사형+명사** | 예 작은형, 어린이, 날짐승 |
| **어간+어미+어간** | 예 돌아가다, 들어가다, 날아가다 |

(2) 비통사적 합성어

　　① 특징: 비통사적 합성어는 두 어근의 결합 방식이 한국어의 단어 배열법과 일
　　　　치하지 않는 합성어이다.

　　② 종류: 한국어의 단어 배열법에 맞지 않는 유형의 합성어는 다음과 같다.

| | |
|---|---|
| **용언 어간+명사** | 예 감발, 덮밥, 늦더위, 늦잠<br>→ 감은 발, 덮은 밥, 늦은 더위, 늦은 잠 |
| **용언 어간+용언** | 예 여닫다, 굶주리다, 굳세다<br>→ 열고 닫다, 굶어 주리다, 굳고 세다 |
| **부사+명사** | 예 부슬비<br>→ 부슬부슬 |

---

4) '관형사＋명사', '부사＋용언', '명사＋명사', '용언의 관형사형＋명사', '용언 어간＋연결 어미＋용언 어간'
　의 결합 방식이 한국어의 일반적인 단어 배열법에 해당한다.

(3) 합성어의 유형

통사적 및 비통사적 합성어는 합성 결과의 품사에 따라 '합성 명사', '합성 동사', '합성 형용사', '합성 부사' 등으로 분류한다.

| | | |
|---|---|---|
| **합성** | **통사적 합성어** | 앞뒤, 새해, 첫사랑, 작은형, 어린이 |
| **명사** | **비통사적 합성어** | 감발, 늦더위, 부슬비 |
| **합성** | **통사적 합성어** | 힘들다, 공부하다, 앞서다, 돌아가다 |
| **동사** | **비통사적 합성어** | 여닫다[5], 굶주리다, 돌보다 |
| **합성형용사** | **통사적 합성어** | 손쉽다, 낯설다, 철없다, 맛나다 |
| | **비통사적 합성어** | 굳세다, 검붉다, 높푸르다 |
| **합성** | **통사적 합성어** | 밤낮, 온종일, 곧잘, 죄다 |
| **부사** | **비통사적 합성어** | - |

## ※ 합성어와 구(句)의 구별

1. 기준: 단어 설정의 기준을 적용한다.
2. 용례

| | 휴지 | 분리성 | |
|---|---|---|---|
| 단어 | ✓작은형✓ | *작은{우리/철수}형 | 1단어 |
| 구(句) | ✓작은✓형✓ | (키가) 작은 (우리/철수) 형 | 2단어 |

---

5) 파생어(메+쌀>멥쌀, 바늘+질>바느질)와 합성어(열+닫다>여닫다, 솔+나무>소나무, 안+밖>안팎) 형성 과정에서 형태 바꿈이 일어나기도 한다.

## 3 한자에 의한 단어의 형성

한자어(漢字語)는 한 글자가 하나의 의미를 지니는 형태소로, 다른 한자어와 결합해 새로운 단어를 만드는 조어력이 매우 뛰어나다.

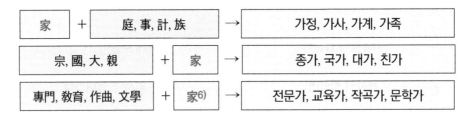

(1) 접두사 기능의 한자어

| 접두사 | 의미 | 용례 |
|---|---|---|
| 무(無)- | 없는 | 무주택, 무사고 |
| 미(未)- | 아직 이루어지지 않은 | 미완성, 미해결 |
| 불(不)- | 아님, 아니함, 어긋남 | 불량, 불가, 부정7) |
| 비(非)- | 아님 | 비공식(적), 비인간(적) |
| 신(新)- | 새로운 | 신도시, 신사고 |
| 최(最)- | 가장, 제일 | 최신, 최고 |

① 부정의 '미(未)-'는 '그것이 아직 아닌' 또는 '그것이 아직 되지 않은'의 의미로, 단순 부정의 '불(不)-', '비(非)-'와 차이가 나타난다.

② '불(不)-'과 '비(非)-'는 유사한 의미를 지닌다. '불(不)-'은 '하다'와 결합하여 쓰이고, '비(非)-'는 '-(적)이다'의 형태로 서술어로 쓰인다.

---

6) '가(家)'는 일부 명사 뒤에 붙어 '그것을 전문적으로 하는 사람' 또는 '그것을 직업으로 하는 사람'의 뜻을 더하는 접미사이다.

7) 한자어의 단어 형성 과정에서 '不(불)'자는 'ㄷ, ㅈ' 앞에서 'ㄹ'이 탈락한다. 예) 不当(불당 → 부당), 不定(불정 → 부정)

(2) 접미사 기능의 한자어

| 접미사 | 의미 | 용례 |
|---|---|---|
| -원(員) | 어떤 일에 종사하는 사람 | 공무원, 회사원 |
| -부(婦) | 어떤 일을 하는 여자 | 가정부, 파출부 |
| -수(手) | 어떤 일에 종사하는 사람 | 가수, 운전수 |
| -사(師) | 숙달했거나 전문적인 사람 | 교사, 의사, 목사 |
| -자(者) | 어느 방면의 능통한 사람 | 과학자, 기술자 |
| -적(的) | 그 성격을 띠는, 관계된 | 기술적, 일반적 |
| -화(化) | 되도록 함 | 근대화, 전문화 |

① 한자어 '-적(的)'은 고유어 접사인 '-스럽'이 붙는 말에는 결합할 수 없으며, 그 반대인 경우도 마찬가지이다.

| 고통스럽다-*고통적 | *개방스럽다-개방적 |
|---|---|

② 한자어 '-적(的)'은 구체성을 띠는 대상과 원칙적으로 결합이 불가능하며, 한국어 조사와의 결합에 있어서도 서술격 조사 '-이다'나 부사격 조사 '-으로'와만 결합이 가능하다.

| 인간적, 사교적 | *동해적, *활자적 |
|---|---|

· 그 사람은 너무나 인간적이다.
· 어린이들도 인격적으로 대하자.

③ 한자어 '-적(的)'에 부정 의미의 한자어 접두사가 결합할 경우, '미(未)'와 '무(無)'가 아닌 '비(非)'가 붙는다.

| 그는 비인간적이다. | 사람을 비인격적으로 대하지 마라. |
|---|---|

# 제Ⅳ부 형태론(품사)

# 제1장 한국어의 품사

## 1 품사의 개념

수많은 단어(낱말)를 문법적 성질이 공통된 것끼리 모아 분류해 놓은 것을 품사(品詞)라 한다.

## 2 분류의 기준

한국어의 품사 분류는 단어의 '형태', '기능', '의미'의 세 가지 기준을 적용한다. 단어의 형태가 고정되어 있느냐 그렇지 않느냐에 따라 두 가지로 구분하고, 문장에서의 역할 및 기능에 따라 다섯 가지로 구분한다. 마지막으로 개별 단어의 어휘적 의미가 아닌 형식적 의미를 기준으로는 아홉 가지로 나눌 수 있다.

| 형태 | 불변어 | | | | 가변어 |
|---|---|---|---|---|---|
| 기능 | 체언 | 관계언 | 수식언 | 독립언 | 용언 |
| 의미 | 명사 대명사 수사 | 조사1) | 관형사 부사 | 감탄사 | 동사 형용사 |

---

1) 관계언(조사)은 불변어에 해당하지만, 조사 중, 서술격 조사 '-이다'는 형태가 변하는 가변어에 속한다.

# 3 9품사 체계

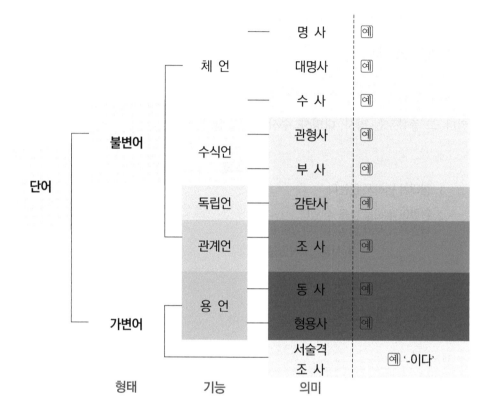

※ **다음 예문에서 9품사 체계표의 [예]에 해당하는 단어를 찾아보자.**

· 대한민국은 한반도와 그 부속 도서로 이루어진 하나의 국가이다.

· 아! 봄이 되어 새 꽃이 피니 온 산이 정말 푸르다.

# 제2장 체언(명사, 대명사, 수사)과 관계언(조사)

## ▣ 체언의 개념

체언(體言)은 문장의 주체(주어, 목적어, 보어 등)가 되는 구실을 하는 단어를 가리킨다. 그 종류로는 명사, 대명사, 수사가 해당한다.

### ※ 특징

1. 형태가 변하지 않는다.
2. 관형어 수식을 받을 수 있다.  예 <u>새</u> 책 / <u>새로운</u> 학기 / <u>철수의</u> 책
3. 체언은 조사와 결합하며 다양한 문법적 관계(문장 성분)를 나타낸다.
   예 사람<u>이</u> / 사람<u>을</u> / 사람<u>의</u> / 사람<u>에게</u> / 사람<u>이다</u>


## ▣ 체언의 하위분류

(1) 명사

① 정의: 사람이나 사물의 이름을 나타내는 단어이다.
② 종류: 쓰임의 범위2)와 자립성의 유무3)에 따라 다음과 같이 나뉜다.

| | | |
|---|---|---|
| **범위** | **보통 명사** | 예 사람, 고궁, 산 |
| | **고유 명사** | 예 철수, 경복궁, 설악산 |
| **자립성** | **자립 명사** | 예 사람, 고궁, 산, 철수, 경복궁, 설악산 |
| | **의존 명사** | 예 것, 데, 수, 줄, 바 |

---

2) 같은 종류의 대상에 두루 쓰이는 이름을 '보통 명사', 특정한 대상을 다른 대상과 구별하기 위해 붙인 이름을 '고유 명사'라 한다.
3) 다른 말의 도움을 받지 않고 쓰이는 명사를 '자립 명사', 관형어의 도움을 받아야 쓰일 수 있는 명사를 '의존 명사'라 한다.

## ※ 의존 명사

1. 환경: 관형어 + 의존 명사 + 조사
   예 저 분이 어머니이다. 먹을 것이 많다. 내(나의) 것이 더 크다.

2. 종류

| 보편성 | 다양한 문장 성분으로 사용된다. | 예 것4), 분, 이, 바 |
|---|---|---|
| 주어성 | 주어로만 쓰이는 의존 명사이다. | 예 지, 수, 리, 나위5) |
| 서술성 | 서술어로만 쓰이는 의존 명사이다. | 예 따름, 뿐, 터, 때문 |
| 부사성 | 부사어로만 쓰이는 의존 명사이다. | 예 대로, 양, 척, 뻔 |
| 단위성 | 앞의 명사의 수량 단위를 나타내는 의존 명사이다. | 예 분, 마리, 명, 장 |

(2) 대명사

① 정의: 명사를 대신하여 사람이나 사물을 가리키는 단어이다.

**너는 여기서 무엇을 하니?**

↓

| 너 | 여기 | 무엇 |
|---|---|---|
| **사람(청자)** | **장소** | **내용** |

② 종류: 대명사는 사람을 대신하느냐 사물이나 장소를 대신하느냐를 기준으로 인칭 대명사와 지시 대명사로 구분한다.

| 인칭 | **제1인칭** | 나(우리), 저(저희) |
|---|---|---|
| | **제2인칭** | 너(너희), 자네, 그대, 당신 |
| | **제3인칭6)** | 그, 이분, 그분, 저분, 이이, 그이, 저이 |

---

4) '먹는 것이 / 먹는 것을 / 먹는 것에 / 먹는 것이다'처럼 여러 성분으로 기능한다.
5) '지, 수, 리, 나위'의 경우, '-(으)ㄹ --- 있다/없다'와 호응을 이룬다.
6) 3인칭 주어를 다시 가리키는 대명사를 재귀(칭) 대명사라 한다. 예 그분은 당신(그분 자신) 자식만 사랑한다.

• '우리'의 특수성

'나'의 복수형으로, 문맥적 상황에 따라 청자를 포함할 수도 배제할 수도 있다. 그러나 친밀한 관계임을 나타내는 단수적 용법으로도 쓰인다.

<u>우리</u>가 나아갈 길(청자 포함)　　　　<u>우리</u> 먼저 간다.(청자 배제)

<u>우리</u> 엄마, <u>우리</u> 집, <u>우리</u> 남편(친밀감 표현)


• '당신'의 특수성

'당신(當身)'은 문맥적 상황에 따라 2인칭과 3인칭 대명사로 기능한다. '자기'를 아주 높이는 3인칭 용법과 달리 2인칭에서는 높임법의 등급 차이가 커서 사용에 주의[7] 해야 한다.

| 지시 | 사물 | 이것, 그것, 저것 |
| --- | --- | --- |
| | 장소 | 여기, 저기, 거기[8] |


• 장소 지시 대명사의 특수성

주어 위치의 장소 지시 대명사에는 복수 접미사 '-들'[9]이 결합할 수 없다. 그러나 그 외의 장소 표시의 말에는 '-들'이 붙을 수 있다. 다만, 이 경우에는 주어가 복수임을 표현한다.

\*<u>여기들</u>이 가천대학교이다.　　/　　<u>여기</u>가 가천대학교이다.

여기들 앉아 있어라.　　=　　(너희들은) 여기 앉아 있어라.

---

7) 대명사 '당신'은 상대방의 신분이나 '나'와의 관계를 나타내는 명사로 바꾸어 쓰는 것이 자연스럽다. 예) 당신은 어디 가십니까? → 선생님(교수님) 어디 가십니까?

8) 용언이나 문장 전체를 수식하면 부사로 기능한다.

9) 복수 접미사 '-들'은 부사나 연결 어미에도 나타나는데 이 역시 주어가 복수임을 표현한다. 예) 어서들 오세요. 먼저 먹고들 있어라.

## ※ 미지칭, 부정칭 대명사

1. 미지칭: 정해져 있는 지시 대상을 정확하게 모르는 경우에 사용한다.

이분은 <u>누구</u>세요? / 결혼식이 <u>언제</u>야? / 그게 <u>무엇</u>이야?

2. 부정칭: 지시 대상이 정해지지 않은 경우에 사용한다.

<u>누구</u>(언제든) 오세요. / <u>무엇</u>이든 다 좋습니다. / <u>아무</u>라도 좋다.

(3) 수사

① 정의: 사물의 수량이나 순서(차례)를 나타내는 단어이다.

② 종류: 수사는 수량을 가리키는 양수사(量數詞)와 순서(차례)를 가리키는 서
수사(序數詞)로 나뉜다.

| 양수사 | 고유어 | 하나, 둘, 셋, 열, 스물, 서른, 아흔 … |
| | 한자어 | 일, 이, 삼, 이십, 구십, 백, 천, 만 … |
| 서수사 | 고유어 | 첫째, 둘째, 셋째, 열째, 서른째 … |
| | 한자어 | 제일, 제이, 제삼, 제십, 제삼십 … |

위와 같이 정확한 수량이나 순서를 나타내는 것을 정수(定數)라 하며, 개략적인 수
량이나 순서를 나타내는 것을 부정수(不定數)[10]라 한다.

## 3 관계언의 개념

관계언(關係言)은 주로 체언 뒤에 붙어 다른 말과의 다양한 문법적 관계를 나타내
거나 의미를 더해 주는 단어이다. 이를 조사(助詞)라 한다.

---

10) 양수사의 부정수로는 '한둘, 두셋, 서넛'(고유어계)과 '일이, 이삼, 삼사'(한자어계) 등이 있다. 서수사의
부정사에는 '한두째, 서너째, 너덧째' 등이 있는 반면 한자어계는 존재하지 않는다.

### ※ 특징

1. 조사는 자립성이 없지만 분리성에 의해 단어로 인정한다.
2. 조사는 활용하지 않지만, 서술격 조사('-이다')만 활용한다.
3. 조사는 체언 외 부사(어) 또는 연결 어미 뒤에도 붙을 수 있다.

예 날씨가 몹시도 덥다. / 교실에서는 조용히 해라.
색이 마음에 들지가 않다. / 제발 한번 입어만 보아라.

## 4 관계언의 하위분류

조사는 문장에서의 기능과 의미에 따라 격조사, 접속 조사, 보조사로 분류한다.

| | | |
|---|---|---|
| **격조사** | 기능 | 체언의 문법적 관계를 나타낸다. |
| **접속조사** | 기능 | 두 단어를 이어 주는 기능을 한다. |
| **보조사** | 의미 | 앞말에 특별한 의미를 더하여 준다. |

(1) 격조사
　① 정의: 앞에 오는 체언이 문장 안에서 일정한 자격을 갖도록 하게 한다.
　② 종류: 격조사는 모두 7개로, 다음과 같이 분류할 수 있다.

| 격조사 | | | |
|---|---|---|---|
| | **주격 조사** | 주어의 자격을 줌. | 이/가, 께서, 에서[11] |
| | **목적격 조사** | 목적어의 자격을 줌. | 을/를 |
| | **보격 조사** | 보어의 자격을 줌. | 이/가 |
| | **관형격 조사** | 관형어의 자격을 줌. | 의 |
| | **부사격 조사** | 부사어의 자격을 줌. | 에, 에서, 에게, (으)로, … |
| | **호격 조사** | 호칭어의 자격을 줌. | 아/야, (이)여, (이)시여[12] |
| | 서술격 조사 | 서술어의 자격을 줌. | 이다 |

이중에서 서술격 조사 '이다'는 체언에 붙어 서술어를 만드는데, 다른 조사와 달리 활용한다는 특징이 있다.

(2) 접속 조사
　① 정의: 두 단어를 같은 자격으로 이어 주는 기능을 한다.
　② 종류: 문어체에서는 '와/과'를 사용하고, 구어체에서는 '(이)랑', '하고'를 사용한다.

(3) 보조사
　① 정의: 앞말에 특별한 의미를 더하여 준다.
　② 종류: 대조의 '은/는', 단독의 '만, 뿐', 역시의 '도', 시작, 먼저의 '부터', 강조의 '(이)나', 극단의 '까지, 마저, 조차' 등 다양하다.

### ※ 특징

1. 절이나 문장의 서술어 끝에 붙어 특별한 의미를 더하기도 한다.

안녕히 가세요. - '높임'의 보조사
자주 봅시다그려. - '강조/감탄'의 보조사
노력했지마는[13] 합격하지 못 했다. - '반전/의문/불만'의 보조사

2. 보조사는 격조사 및 보조사와 결합하여 쓰인다.

나는 너만을 사랑한다. 실내에서는 금연입니다.
숙제를 안 한 사람이 너만은 아니다.

---

11) 주격 조사의 '에서'는 단체를 나타내는 명사 뒤에 붙는다. 예) 우리 학교에서 우승을 차지했다. 정부에서 조사 결과를 발표했다.
12) '(이)여, (이)시여'에는 높임의 의미가 있다.
13) '마는'은 종결어미 '-다, -냐, -랴, -지' 뒤에 붙어 앞의 사실을 인정하면서도 그에 대한 의문이나 그와 어긋나는 상황 등을 나타내는 보조사이다.

# 제3장 용언(동사, 형용사)과 활용

## 🔳 용언의 개념

용언(用言)은 문장의 주어를 서술하는 기능을 가진 단어를 가리킨다. 주어의 움직임이나 작용 또는 주어의 성질·상태를 표현하는 동사, 형용사가 이에 속한다.

### ※ 특징

1. 어간과 어미로 이루어져 있으며, 어미 활용[14]을 한다.

예 가다: 간다 / 가느냐? / 가는구나 / 가거라

예쁘다: - / 예쁘냐? / 예쁘구나 /  -

2. 부사어의 수식을 받을 수 있다.

예 토끼가 <u>빨리</u> 달린다.

우리 반에서 영희가 <u>가장</u> 예쁘다.

3. 용언은 서술어(예쁘다)를 주된 기능으로, 다양한 문장 성분으로 쓰인다.

예 예쁜 꽃(관형어) / 예쁘게 피었다(부사어) / 예쁘기가 이를 데 없다(주어) /

예쁨을 받다(목적어) / 예쁨이다(서술어)

## 🔳 용언의 하위분류

(1) 동사

① 정의: 주어의 움직임(동작)이나 작용을 나타내는 단어이다.

② 종류: 동사는 기능과 동작의 성질에 따라 다음과 같이 분류할 수 있다.

---

14) 활용하는 단어를 활용어라 하는데, 동사, 형용사, 서술격 조사(-이다)가 해당한다.

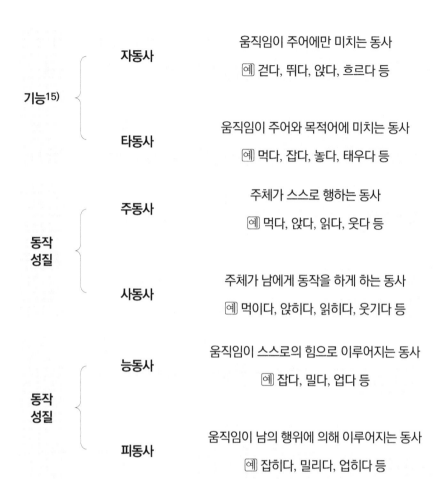

(2) 형용사

　① 정의: 주어의 성질이나 상태를 나타내는 단어이다.

　② 종류: 형용사는 의미를 기준으로 크게 두 가지[16]로 구분할 수 있다.

---

15) 자동사와 타동사의 구별은 목적어의 유무에 따라 갈라지며, 동일한 형태(아이들이 놀이터에서 논다 / 아이들이 윷을 논다 등)가 자동사와 타동사로 기능하기도 한다.

16) 지시 형용사와 성상 형용사가 함께 쓰일 때에는 "저렇게 예쁜 옷은 처음 본다."와 같이 지시 형용사가 성상 형용사에 앞서는 특징이 있다.

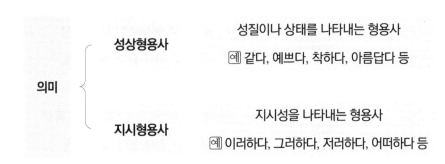

| 의미 | 성상형용사 | 성질이나 상태를 나타내는 형용사<br>예 같다, 예쁘다, 착하다, 아름답다 등 |
| | 지시형용사 | 지시성을 나타내는 형용사<br>예 이러하다, 그러하다, 저러하다, 어떠하다 등 |

## ③ 본용언과 보조 용언

용언은 문장 안에서의 쓰임에 따라 본용언(本用言)과 보조 용언(補助用言)으로 나눌 수 있다.

### (1) 개념

| 본용언 | 문장에서 독립적인 서술어 기능을 하는 동사, 형용사<br>예 그가 종이를 <u>찢었다</u>. 그가 종이를 <u>버렸다</u>.<br>= 그가 종이를 찢어서 버렸다. |
| 보조 용언 | 본용언에 기대어 본용언의 뜻을 도와주는 동사, 형용사<br>예 그가 종이를 찢어 버렸다.('버리다' 의미×, '완료' 의미○) |

### (2) 보조 용언의 종류
① 보조 동사:
본용언과 보조적 연결 어미 '-아/-어, -게, -지, -고' 뒤에서 양태적 의미와 문법적 관계를 나타낸다. 대표적인 예들은 다음과 같다.

| 의미 | 형태 | 예문 |
|---|---|---|
| 진행 | -어 가다 | 책을 다 읽어 간다. |
| 지속 | -어 있다<br>-고 있다 | 학생들이 의자에 앉아 있다.<br>엄마가 아이를 안고 있다. |
| 종결 | -어 내다 | 힘든 과정을 잘 견뎌 냈다. |
| 봉사 | -어 주다 | 친구의 숙제를 대신 해 주었다. |
| 부정 | -지 말다 | 위험한 곳에는 가지 말아라. |
| 시행 | -어 보다 | 매운 김치를 먹어 보다. |
| 당위 | -어야 하다 | 주방은 늘 청결해야 한다. |
| 인정 | -기는 하다 | 그가 착하기는 하다. |
| 피동 | -어지다 | 이 펜은 글씨가 잘 쓰여진다. |
| 사동 | -게 하다 | 노래를 부르게 하다. |

② 보조 형용사:

　주어에 대한 서술 기능이 없고 놓이는 환경이 동일하다는 점에서 보조 동사와 기능적 유사성이 있다. 대표적 예들은 다음과 같다.

| 의미 | 형태 | 예문 |
|---|---|---|
| 희망 | -고 싶다 | 한국어 교사가 되고 싶다. |
| 부정 | -지 아니하다 | 그녀는 키가 크지 아니하다. |
| 시인 | -기는 하다 | 과일이 싱싱하기는 하다. |
| 추측 | -은가 보다 | 그가 인기가 많은가 보다. |

## 4 용언의 활용

용언은 어간과 어미로 구성되어 있다. 용언이 문장 안에서 일정한 문법적 관계를 나타내기 위해 어미의 형태를 바꾸는 것을 활용(活用)이라 한다.

(1) 활용의 종류

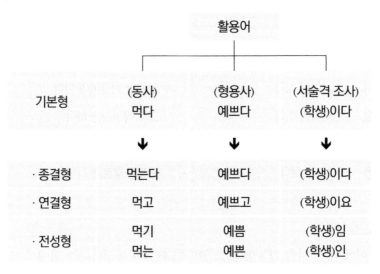

① 종결형: 문장을 종결시키는 활용 형식으로, 종결 어미에 의해 실현된다. 이러한 종결형에는 평서형, 감탄형, 의문형, 명령형, 청유형이 있다.
② 연결형: 문장을 종결시키지 않고 앞 문장과 뒤 문장을 연결하는 활용 형식으로, 연결 어미에 의해 실현된다. 이러한 연결형에는 대등적 연결형, 종속적 연결형, 보조적 연결형이 있다.
③ 전성형: 용언의 서술 기능을 다른 기능으로 바꾸는 활용 형식으로, 전성 어미에 의해 실현된다. 이에는 명사형과 관형사형이 있다.

이처럼 활용어 동사, 형용사, 서술격 조사는 다양한 활용 형태로 나타난다는 점에서는 일치한다. 그러나 활용어에 따라 구체적 활용 형태는 차이17)가 난다.


(2) 활용 양상의 차이

① 종결형: 형용사와 서술격 조사는 명령형과 청유형 활용을 할 수 없다.

| | 평서형 | 감탄형 | 의문형 | 명령형 | 청유형 |
|---|---|---|---|---|---|
| 동 사 | 간다 | 가는구나 | 가느냐 | 가라 | 가자 |
| 형용사 | 예쁘다 | 예쁘구나 | 예쁘냐 | × | × |
| 서술격 조 사 | 학생이다 | 학생이로구나 | 학생이냐 | × | × |


② 연결형: 형용사와 서술격 조사는 의도, 목적, 진행의 어미와 결합할 수 없다.

| | 의도 | 목적 | 진행 |
|---|---|---|---|
| 동 사 | 먹으려 | 공부하러 | 읽고 있다 |
| 형용사 | × | × | × |
| 서술격 조 사 | × | × | × |


③ 전성형: 모든 활용어의 전성형 활용이 가능하다. 다만, 관형사형 활용 형태에
는 시제 어미가 나타나는데 활용어에 따라 그 모습이 다르다.

| | 현재 시제 | 과거 시제 | 미래 시제 |
|---|---|---|---|
| 동 사 | -는: 가는/먹는 | -(으)ㄴ: 간/먹은 | -(으)ㄹ: 갈/먹을 |
| 형용사 | -(으)ㄴ: 큰/작은 | 던: 크던/작던 | -(으)ㄹ: 클/작을 |
| 서술격 조 사 | -ㄴ: 학생인 | 던: 학생이던 | -ㄹ: 학생일 |


---

17) 서술격 조사는 동사보다 형용사와 유사한 활용 형태를 보인다.

(3) 활용의 규칙과 불규칙

① 규칙 활용:

용언의 활용 시 어간과 어미의 모습이 그대로 유지되거나 변화하더라도 일반적 음운 규칙으로 설명할 수 있는 경우이다.

| ‘ㄹ’ 탈락 | 어간 받침 ‘ㄹ’ + ‘ㄴ, ㅂ, ㅅ, 오’로 시작하는 어미<br>예 살다[18]: 사니, 삽니다, 사시오, 사오 |
| --- | --- |
| ‘ㅡ’ 탈락 | 어간 받침 ‘ㅡ’ + 모음 어미<br>예 쓰다[19]: 써, 썼다 |

이 밖에 모음조화에 의한 어미 ‘-아’와 ‘-어’의 바뀜 현상도 규칙 활용으로 분류한다.


② 불규칙 활용:

용언의 활용 시 어간과 어미 모습의 변화를 일반적 음운 규칙으로 설명할 수 없는 경우이다. 세 유형의 불규칙 활용으로 나타난다.

---

18) ‘놀다: 노는’, ‘알다: 아는’, ‘날다: 나는’ 외에도 ‘불다, 둥글다, 거칠다’ 등이 있다.
19) ‘고프다: 고파’, ‘치르다: 치러’, ‘잠그다: 잠가’ 외에도 ‘기쁘다, 바쁘다, 예쁘다’ 등이 있다.

[어간의 불규칙 활용]

| '시' 불규칙 | 어간 받침 'ㅅ' + 모음 어미 → 'ㅅ' 탈락 |
| | 예 잇다: 이어, 이어서    cf) 웃다: 웃어, 웃어서 |

| 'ㄷ' 불규칙 | 어간 받침 'ㄷ' + 모음 어미 → 'ㄷ'이 'ㄹ'로 바뀜 |
| | 예 묻다: 물어, 물어서    cf) 묻다(埋): 묻어, 묻어서 |

| 'ㅂ' 불규칙 | 어간 받침 'ㅂ' + 모음 어미 → 'ㅂ'이 '오/우'로 바뀜 |
| | 예 줍다: 주워, 주워서    cf) 입다: 입어, 입어서 |

| '르' 불규칙 | 어간 말음 '르' + 모음 어미 → 'ㅡ' 탈락 + 'ㄹ' 덧생김 |
| | 예 흐르다: 흘러, 흘러서    cf) 따르다: 따라, 따라서 |

| 'ㅜ' 불규칙 | 어간 받침 'ㅜ' + 모음 어미 → 'ㅜ' 탈락 |
| | 예 푸다[20]: 퍼, 퍼서    cf) 주다: 주어, 주어서 |

[어미의 불규칙 활용]

| '여' 불규칙 | 어미 '-아' → 어미 '-여'로 바뀜 |
| | 예 하다: 하+어>하여 |

| '러' 불규칙[21] | 어미 '-어' → 어미 '-러'로 바뀜 |
| | 예 이르다(至): 이르+어>이르러 |

동사 '이르다'는 "어떤 장소나 시간에 닿다, 어떤 정도나 범위에 미치다"는 의미를 지닌 '러' 불규칙 용언이다. 한편, 이와 동음이의어 관계에 있는 '이르다2(謂, 동사)'와 '이르다3(早, 형용사)'는 '르' 불규칙 용언임에 주의해야 한다.

---

20) 'ㅜ' 불규칙 용언은 '푸다' 한 단어밖에 없다.
21) 동사 '이르다(至): 이르러', 형용사 '누르다(黃): 누르러', '푸르다: 푸르러'에서만 나타난다.

[어간과 어미의 불규칙 활용]

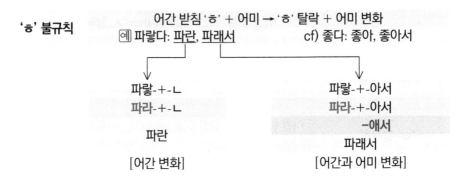

**'ㅎ' 불규칙**

어간 받침 'ㅎ' + 어미 → 'ㅎ' 탈락 + 어미 변화

예 파랗다: 파란, 파래서          cf) 좋다: 좋아, 좋아서

| 파랗-+-ㄴ | 파랗-+-아서 |
| 파라-+-ㄴ | 파라-+-아서 |
|  | **-애서** |
| **파란** | **파래서** |
| [어간 변화] | [어간과 어미 변화] |

## ※ 주의할 점

1. 'ㅂ' 불규칙 용언 '돕다'와 '곱다'가 모음 어미 '-아'와 결합하면
어간 받침 'ㅂ'은 '오'로 변한다.

돕다: 도와, 도와서, 도왔다.  cf) 돕-+-니: 도우+니>도우니
곱다: 고와, 고와서, 고왔다.  cf) 곱-+-니: 고우+니>고우니

2. '있다'와 '없다'의 활용 성격

|  | 동사적 성격 | 형용사적 성격 |  | 명령형 | 청유형 |
|---|---|---|---|---|---|
| 있다 | 있는 / 있느냐 | 있다 / 있구나 | ↔ | 있어라 | 있자 |
| 없다 | 없는 / 없느냐 | 없다 / 없구나 |  | × | × |

∴ 기본형 '있다, 없다'가 서술어로 기능하거나 감탄형 활용 시에는 형용사의 성격을
나타내는 반면 현재 관형사형과 의문형으로 활용 시에는 동사의 성격을 나타낸다. 그러나
명령과 청유의 활용 여부를 기준으로 '있다'는 동사의 성격이, '없다'는 형용사의 성격이
강하다 할 수 있다.

# 제4장 수식언(관형사, 부사)과 독립언(감탄사)

## ▣ 수식언의 개념

수식언(修飾言)은 다른 말을 수식하는 기능을 하는 단어이다. 수식언에는 관형사와 부사가 속한다.

### ※ 특징

1. 수식언은 형태가 변하지 않는 불변어이며, 격조사[22]와 결합할 수 없다.

    예 새 학기가 시작되었다.
    토끼는 <u>빨리</u> 달리며, 거북이는 <u>천천히</u> 달린다.

2. 수식언은 반드시 피수식어의 앞에 위치한다.

|  |  |  |
|---|---|---|
| | 새 / 헌 + | 옷(책) |
| 수식어 + 피수식어 | | |
| | 빨리 / 천천히 + | 뛰다(걷다) |

3. 수식언은 수의적 성분으로, 문장 형성에 꼭 필요하지는 않다.

---

22) 관형사에는 어떠한 조사도 결합할 수 없지만 부사의 경우 "토끼가 <u>빨리는</u> 달린다. 날씨가 <u>너무도</u> 춥다." 와 같은 보조사가 결합할 수 있다.

## ② 수식언의 하위분류

(1) 관형사

　① 정의: 체언, 주로 명사 앞에 놓여 그 내용을 꾸며 주는 단어이다.

　② 종류: 관형사는 의미를 기준으로 다음의 3가지로 나눌 수 있다.

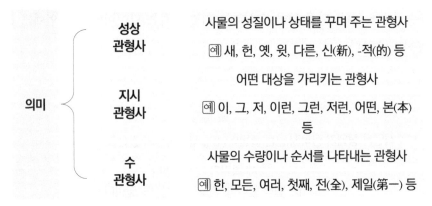

의미
- 성상 관형사 — 사물의 성질이나 상태를 꾸며 주는 관형사 예 새, 헌, 옛, 윗, 다른, 신(新), -적(的) 등
- 지시 관형사 — 어떤 대상을 가리키는 관형사 예 이, 그, 저, 이런, 그런, 저런, 어떤, 본(本) 등
- 수 관형사 — 사물의 수량이나 순서를 나타내는 관형사 예 한, 모든, 여러, 첫째, 전(全), 제일(第一) 등

한편, 이들 관형사가 함께 쓰일 때에는 다음의 순서를 따른다.

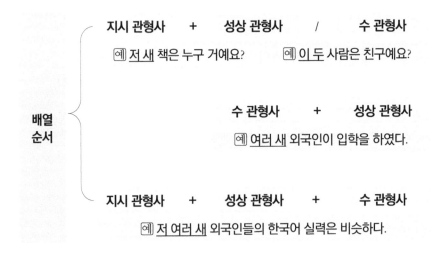

배열 순서
- 지시 관형사 + 성상 관형사 / 수 관형사 예 저 새 책은 누구 거예요? 예 이 두 사람은 친구예요?
- 수 관형사 + 성상 관형사 예 여러 새 외국인이 입학을 하였다.
- 지시 관형사 + 성상 관형사 + 수 관형사 예 저 여러 새 외국인들의 한국어 실력은 비슷하다.

## ※ 수 관형사의 형태 변화

1. 수사와 수 관형사의 형태가 같은 것도 있지만 다른 경우도 있다.

| 수사 | 하나 | 둘 | 셋 | 넷 | 다섯 | 여섯 | 일곱 | 여덟 | 아홉 | 열 |
|---|---|---|---|---|---|---|---|---|---|---|
| 수 관형사 | 한 | 두 | 세 | 네 | 다섯 | 여섯 | 일곱 | 여덟 | 아홉 | 열 |

2. '세', '네'의 특수 이형태

|  | 3/4 + 돈, 말, 발, 푼 | 3/4 + 되, 냥, 섬, 자 |
|---|---|---|
| 세 | 서 / 너 | 석 / 넉 |
| 네 |  |  |

(2) 부사

① 정의: 용언이나 문장 앞에 놓여 그 뜻을 분명하게 해 주는 단어이다.

② 종류: 부사는 문장에서의 역할과 의미를 기준으로 다음과 같이 나뉜다.

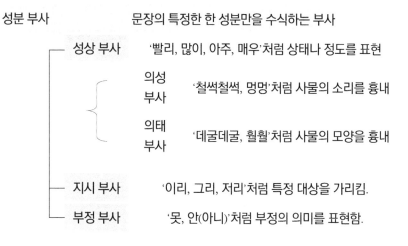

성분 부사　　　　　　문장의 특정한 한 성분만을 수식하는 부사

　　┬ 성상 부사　　　'빨리, 많이, 아주, 매우'처럼 상태나 정도를 표현

　　　　　　의성 부사　　'철썩철썩, 멍멍'처럼 사물의 소리를 흉내

　　　　　　의태 부사　　'데굴데굴, 훨훨'처럼 사물의 모양을 흉내

　　├ 지시 부사　　　'이리, 그리, 저리'처럼 특정 대상을 가리킴.

　　└ 부정 부사　　　'못, 안(아니)'처럼 부정의 의미를 표현함.

## ※ 성분 부사의 결합 순서

- 지시 부사는 성상 부사 앞에 나타나며, 부정 부사는 가장 뒤에 놓인다.

<u>저리</u> <u>천천히</u> 달리는 사람          <u>저리</u> 잘못 달리는 사람

| 문장 부사 | | 문장 전체를 수식하는 부사 |
|---|---|---|
| | 양태 부사 | 문장 전체에 대한 화자의 태도를 나타내는 부사 |
| | 접속 부사 | 단어와 단어, 문장과 문장을 이어주는 부사 |

## ※ 양태 부사의 갈래

1. 화자의 믿음이 틀림없다는 단정적 진술의 양태 부사

예 정말, 실로, 모름지기 등          <u>정말</u>, 그는 훌륭한
예술가로구나.

2. 화자의 믿음에 대한 의혹이 든다거나 분명하지 않는 진술의 양태 부사

예 설마, 아마, 아무리 등          <u>설마</u>, 철수가 1등을 했을까?

3. 화자의 희망이나 바람이 실현되기를 기원하는 진술의 양태 부사

예 제발, 부디, 아무쪼록 등          <u>제발</u>, 그만 놀고 공부 좀 해라.

## ③ 독립언의 개념

지금까지 살핀 체언, 관계언, 용언, 수식언에 속하는 단어들은 문장 속의 다른 단어와 일정한 관계를 맺는다. 그런데 단어 중에서 다른 성분과 관계를 맺지 않으며 독립

적으로 쓰이는 단어들이 있는데, 이를 독립언(獨立言)이라 한다.


(1) 감탄사의 정의
말하는 이의 본능적인 놀람이나 느낌, 부름, 응답 등을 나타내는 단어이다.


(2) 감탄사의 용례

| | |
|---|---|
| **놀람** | <u>아이고</u>, 간 떨어질 뻔했다. |
| **느낌** | <u>어머나</u>, 벌써 개나리가 피었네. |
| **부름** | <u>여보게</u>, 이제 그만 마시고 집에 가세. |
| **응답** | <u>그래</u>, 알아들었으니까 그만 가 봐. |

### ※ 품사의 통용

- 개념: 동일한 형태의 단어가 여러 가지 품사로 쓰이는 것을 의미한다.

먹을 만큼 먹자. (의존 명사)   그는 형만큼 키가 크다.(조사)

불빛이 밝다. (형용사)   날이 밝다. (동사)

저런 일도 있을까? (관형사)   저런! 왜 그랬을까? (감탄사)

# 제 V 부 어휘론

# 제1장 한국어 어휘론

## ① 어휘론의 개념

한국어 어휘론(語彙論)은 한국어의 어휘에 대한 연구 분야이다. 사전적 정의에 따르면, 단어의 총체인 어휘의 형성, 구조, 의미, 용법 따위를 연구하는 학문으로, 음운론, 문법론과 대립되는 언어학의 한 분야이다.

## ② 단어(어휘소)와 어휘의 관계

단어와 어휘는 동의어가 아니다. "단어의 총체인 어휘"라는 표현에서 알 수 있듯이 단어들이 모인 집합을 '어휘'라 한다.

↓

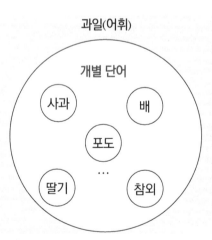

이처럼 일상생활에서 사용하는 수많은 개별 단어를 일정한 범주로 묶은 집합을 어휘라 한다. 앞서 살핀 '명사, 대명사, 수사' 등의 어휘 역시 개별 단어들을 일정한 범주로 분류한 것이다.

∴ 어휘론은 개별 단어(어휘소)들을 전체 집합 차원에서 연구하는 학문이다.

## ③ 어휘론의 연구 영역

어휘론의 연구 영역에 대한 기준은 연구자들마다 다르다. 김광해(1993:21-34)에 따르면, 어휘 연구의 대상을 다음과 같이 분류하고 있다.

(1) 협의의 어휘론

| 단어의 분포 연구 | 어휘의 계량, 어휘의 체계, 어휘의 양상 연구 |
|---|---|
| 단어의 관계 연구 | 어휘의 공시적·통시적 관계 연구 |
| 단어의 정책 연구 | 어휘의 교육과 정책 연구 |

(2) 광의의 어휘론

| 협의의 어휘론 대상 | + | 사전[1] 편찬론 |
|---|---|---|

---

1) 사전(辭典)은 어떤 범위 안에서 쓰이는 낱말(단어)을 모아서 일정한 순서로 배열하여 싣고 그 각각의 발음, 의미, 어원, 용법 따위를 해설한 것으로, 한 언어의 어휘를 구체적으로 이해하여 연구하는 데 매우 유용한 자료이다. 사전은 성격과 목적, 규모에 따라 그 유형을 나눌 수 있다. 우리말의 전체 어휘를 다 모은 국어대사전부터 특정한 분야나 영역에서만 사용되는 어휘를 수록한 전문어 사전, 손안에 쏙 들어가 휴대하기 좋은 학습용 소사전에 이르기까지 각양각색의 우리말 어휘를 모아서 기록한다는 점에서 어휘 연구의 최종적 산물이라고 할 만하다(홍종선 외, 2022:133).

# 제2장 어휘의 체계

## 1 어휘 체계의 분류 기준

국립국어원(2022년 5월 기준)에 따르면, <표준국어대사전>과 <우리말샘2)>의 올림말 개수는 각각 422,890개와 1,143,153개이다. 이처럼 많은 단어를 한눈에 파악하기 어렵기에 이들을 공통된 성격을 지닌 단어들로 묶은 어휘 체계를 살필 필요가 있다.

(1) 어종(語種)에 따른 분류
　① 정의: 어휘의 기원 및 유래를 기준으로 분류한다.
　② 종류: 고유어, 외래어(한자어), 혼종어로 구분할 수 있다.

| | |
|---|---|
| 고유어 | 원래 한국어로 사용해 온 말로, '순우리말'이다. |
| 한자어 | 중국의 한자를 기반으로 만들어진 단어이다. |
| 외래어 | 외국에서 들어와 우리말처럼 사용되는 단어이다. |

　※ 외국에서 들어온 말이지만 아직 우리말처럼 사용되지 않는 단어를 '외국어'라 한다.
　'텔레비전, 택시, 컴퓨터' 등은 외래어이고, '땡큐(감사하다/고맙다), 스쿨(학교), 밀크(우유)' 등은 외국어이다.

| | |
|---|---|
| 혼종어 | 서로 다른 어종의 요소가 결합하여 만들어진 단어이다. |

(2) 품사에 따른 분류
　① 정의: 어휘의 품사(의미, 기능, 형태)를 기준으로 분류한다.
　② 종류: 명사, 대명사, 수사, 조사, 관형사, 부사, 감탄사, 동사, 형용사로 구분한다.3)

---

2) <우리말샘>은 실생활에서 쓰는 말, 새로이 나타난 말, 지역에서 쓰는 말 등을 국민과 함께 모으고 만들어가는 사용자 참여형 사전이다.
3) 그러나 한국어 어휘 중에는 품사를 갖지 못하는 어휘소들이 있다. 그래서 <표준국어대사전> 표제어의 통계 자료에서는 독립된 단어로 인정받지 못하는 접사, 어근, 어미 등과 속담 및 관용구도 모두 '단어'에 포함하여 처리하고 있으며, 품사별 현황 자료에서도 문법적으로 품사에 속하지 않지만 '조사'와 '어미'를 품사와 같은 층위로 처리하고 있다.

(3) 범주(분야)에 따른 분류

　① 정의: 어휘의 의미 범주(분야)를 기준으로 분류한다.

　② 종류: 인문, 공학, 자연, 사회, 산업, 예체능, 자연, 보건, 종교, 명칭)[4]

| 인문 | | 자연 | | 산업 |
|---|---|---|---|---|
| 언어 | | 동물 | | 농업 |
| 문학 | | 식물 | | 임업 |
| 역사 | ... | 천연자원 | ... | 수산업 |
| 철학 | | 수학 | | 광업 |
| 교육 | | 물리 | | 공업 |
| 민속 | | 화학 | | 서비스업 |
| 인문 일반 | | 자연 일반 | | 산업 일반 |

## ② 어종별 어휘의 특징

　표준국어대사전(국립국어원, 2022년 5월 기준)에 실려 있는 현대 한국어의 어휘를 어종별로 분류하면 다음과 같다.

**표준국어대사전 어종별 현황**　　　　　　　　※ 표제어 422,890개 기준.

| 고유어(17.9%) | 한자어(55.6%) | 외래어(5.6%) | 혼종어(20.9%) |
|---|---|---|---|
| **75,520개** | **235,173개** | **23,819개** | **88,378개** |
| 17.9% | 55.6% | 5.6% | 20.9% |

---

4) 공학: 전기·전자/재료/정보·통신/공학 일반, 사회: 법률/군사/경영/경제/복지/정치/매체/행정/심리/사회 일반, 예체능: 체육/연기/영상/무용/음악/미술/복식/공예/예체능 일반, 보건: 의학/약학/한의/수의/식품/보건 일반, 종교: 가톨릭/기독교/불교/종교 일반, 공학: 건설/교통/기계, 명칭: 인명/지명/책명/고유명 일반(표준 국어대사전의 전문어의 전문 분야별 현황 참조).

(1) 고유어

  ① 의의: 언어와 문화의 관계 속에서 고유어는 한민족 특유의 문화나 정서를 표현하며 감수성을 풍요롭게 한다.[5]

  ② 용례:

| 엄마 | 누나 | 살다 | 뜰 | 반짝이다 | 금모래 | 빛 | … |

엄마야 누나야

김소월

엄마야 누나야 강변 살자 / 뜰에는 반짝이는 금모래 빛
뒷문 밖에는 갈잎의 노래 / 엄마야 누나야 강변 살자

(2) 한자어

  ① 의의: 한자어는 추상적인 생각을 표현하는 개념어가 많아서 고유어를 보완하여 좀 더 정확하고 분화된 의미 표현이 가능하게 한다.

  ② 용례:

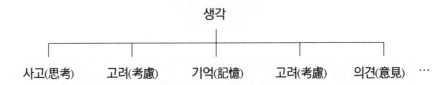

생각

| 사고(思考) | 고려(考慮) | 기억(記憶) | 고려(考慮) | 의견(意見) | … |

(3) 외래어

  ① 의의: 외래어는 우리말로 표현할 수 없는 외국어로서 새로운 개념이나 표현을 도입하고 확장시켜 우리의 언어 능력 향상에 도움을 준다.

  ② 용례:

| 주스, 버스, 커피, 컴퓨터 | 담배, 카스텔라, 빵 | 석가, 탑 | … |
| (영어) | (포르투갈) | (인도) | |

---

5) 한국어의 기초 어휘와 생활의 기본 어휘는 대부분 고유어에 속한다.

(4) 혼종어

① 의의: 혼종어는 기원이 서로 다른 어휘를 합성하거나 파생하여 만들어진 것으로, 창의적인 새말의 생산에 기여 하는 바가 있다.[6]

② 용례:

| 고유+한자[7] | 고유+외래 | 한자+외래 | 고유+한자+외래 |
|---|---|---|---|
| 눈도장(圖章) | 종이컵 | 페트병(甁) | 핵(核)노재미 |
| 양(洋)파 | 몰래카메라 | 개인(個人)택시 | 글로벌화(化)하다 |

---

6) 반면, 한글 파괴를 막고 한국어 보호의 측면에서 순화해야 할 대상으로 보는 시각도 있다.

7) 외래어가 결합한 혼종어와 달리 고유어와 한자어가 결합한 혼종어의 경우 그 어종을 정확하기 분석하기가 쉽지 않다. 예를 들면, '밥상(밥床), 외할머니(外할머니), 가지각색(가지各色)' 등이 그러하다.

# 제3장 어휘의 양상

## 1 어휘 양상의 분류 기준

한국어 어휘 체계는 한국어 어휘를 일정한 기준(어종, 품사, 의미 범주 등)으로 분류한 것으로 종류를 의미한다. 반면 한국어 어휘 양상은 각 어휘의 종류가 실제 사용되는 구체적 모습을 의미한다. 한국어 어휘의 양상을 살펴보는 기준은 다음 두 가지이다.

(1) 어휘의 변이
   ① 정의: 상황이나 맥락에 따라 동일한 의미의 단어를 다르게 사용하는 것이다.
   ② 종류: 방언 (↔표준어), 은어(↔평어), 금기어(완곡어), 관용어(속담), 남성어
      (여성어), 아동어, 높임어 등

(2) 어휘의 팽창8)
   ① 정의: 과학기술의 발달 및 사회의 변화에 따라 새로운 단어가 생겨나는 것이다.
   ② 종류: 전문어, 유행어, 신어

## 2 사용 양상별 어휘의 특징

이와 같이 한국어의 어휘는 화자가 처한 상황이나 맥락에 따라 다양한 양상으로 실현된다. 이 중, '방언', '은어', '금기어와 완곡어', '관용어와 속담', '전문어', '유행어',

---

8) 유사한 의미를 가졌다는 어휘의 변이와는 달이 어휘의 팽창은 완전히 다른 단어가 생겼다는 뜻을 지닌다. 그 차이를 부각시켜 [+변이]에 대해서 [-변이] 특성을 얘기할 수도 있다. 어휘의 팽창 양상을 보이는 것들은 [+집단성]을 보이는 전문어(직업어, 집단어)와 [-집단성]을 보이는 신어와 유행어를 들 수 있다(이관규, 2002:207-208).

'신어'에 대한 특징을 살펴보고자 한다.


(1) 방언

   ① 정의: 한 언어에서 지역 또는 사회 계층에 따라 분화된 말의 체계이다.

   ② 종류:

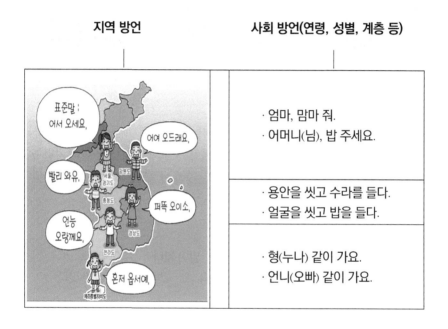

| 지역 방언 | 사회 방언(연령, 성별, 계층 등) |
|---|---|

(2) 은어

   ① 정의: 어떤 계층이나 부류의 사람들이 다른 사람들이 알아듣지 못하도록 자
   기네 구성원들끼리만 빈번하게 사용하는 말이다.[9]

   ② 용례:

| 꼰대 (선생님) | 짭새(경찰관) 큰집(교도소) | 심(산삼) - 산개(호랑이) |
|---|---|---|
| (학생) | (범죄자) | (심마니) |

---

9) 동일한 집단 구성원들 간의 결속력과 동료 의식을 높인다는 장점이 있는 반면 그 집단에 속하지 않는 사
  람들에게 소외감과 고립감을 주며 의사소통에 장애를 가져온다는 단점이 있다.

(3) 금기어와 완곡어

① 정의: 불쾌하고 두려운 것을 연상하게 하여 하지 않거나 피하는 말을 '금기어'라 하고, 이를 대신해 불쾌감이 덜한 말을 '완곡어'라 한다.

② 용례:

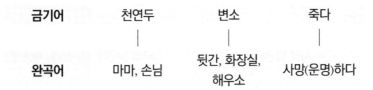

| 금기어 | 천연두 | 변소 | 죽다 |
|---|---|---|---|
| 완곡어 | 마마, 손님 | 뒷간, 화장실, 해우소 | 사망(운명)하다 |

(4) 관용어와 속담

① 정의: 관용어와 속담은 둘 이상의 단어들이 결합하여 특별한 의미로 사용되는 관습적인 표현이다. 그러나 전자는 전체가 하나의 단어처럼 쓰이는 반면 후자는 한 문장의 형태로 조상들의 삶의 지혜가 담겨 있고 교훈성이 강하다는 내용상의 특징이 나타난다.

② 용례:

| 관용어 | 손이 크다 | 발이 넓다 | 미역국을 먹다 |
|---|---|---|---|
| 속담 | 가는 날이 장날이다. | 백지장도 맞들면 낫다. | |

(5) 전문어

① 정의: 법률, 의학과 같은 전문 분야에서 특별한 의미로 사용하는 말로, 그 의미가 매우 정확하고 분명하다.10)

② 용례:

| 법률 용어 | 공판(公判) | 기각(棄却) | 항소(抗訴) |
|---|---|---|---|
| 의학 용어 | CPR | 좌창(挫創) | BP(blood pressure) |

---

10) 전문어에 대응하는 일반 어휘가 없는 경우가 많고 한자어와 외래어로 된 용어가 많아서 일반인들은 그 의미를 제대로 이해하지 못한다. 이런 점에서 '은어'와 유사한 성격을 갖는다.

(6) 유행어

　　① 정의: 비교적 짧은 시기에 걸쳐 여러 사람의 입에 오르내리는 단어나 구절이
　　　　　　다. 그러나 몇몇 단어는 일반어로 자리 잡아 오래 쓰이기도 한다.

　　② 용례:

| | | | |
|---|---|---|---|
| 지못미 | 엄친아 | 완소남 | 근자감 |
| 중꺾마 | 머선 129 | 소확행 | 빼박캔트 |

(7) 신어

　　① 정의: 사회가 변화, 발전함에 따라 새로 등장한 사물이나 개념을 표현하기 위
　　　　　　한 말이다.[11] 신조어 또는 새말이라고도 한다.

　　② 용례:

| | | | |
|---|---|---|---|
| 초품아 | 주린이 | 숲세권 | 기후인플레이션 |
| 흙수저 | TMI | 혼밥(술) | 욜로 |

---

11) 신어는 사회상을 반영하기 때문에 이를 통해 사회의 변동상을 알 수 있다. 신어는 계속 사용이 되는 경
　　우도 있지만 일정 기간 사용되다가 사라지기도 한다. 이러한 점에서 유행어와 상통하는 면이 있다.

# 제 VI 부 문법론

# 제1장 문장과 기본 구조

## 1 문장의 이해

사전적 정의에 따르면, 문장(文章)은 우리의 생각이나 감정을 완결된 내용으로 표현하는 기본 단위이다.

(1) 문장의 특징

문장은 주어와 서술어를 갖추는 것이 원칙(문장①)이다. 그러나 문맥적 상황에 따라 주어와 서술어가 생략된 간략한 형식(문장②)으로 실현되기도 한다.

| | | |
|---|---|---|
| 문장 ① | 철수가 공부를 한다.<br>마음이 착하다.<br>이것이 꽃이다. | ➡ '주어+서술어' 갖춤<br>문장 종결 표지 |
| 문장 ② | 어디 가? / 도서관. / 정말? | ➡ '주어+서술어' 생략<br>문장 종결 표지 |

∴ 문장은 의미상으로 완결성을 갖추고, 형식상으로 종결 표지를 갖추고 있다.

(2) 문장의 구성 요소

문장은 하위 언어 단위들의 결합으로 형성되는 계층적 구조물이다. 따라서 문장을 그 하위 단계로 분석해나가면 문장 구성 요소를 이해할 수 있다.

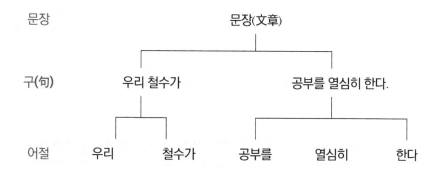

문장을 구성하는 기본적인 문법 단위 중 가장 작은 단위가 '어절'이다. 예문의 '우리', '철수가', '공부를', '열심히', '한다'가 해당[1]한다. 어절의 상위 단위인 '구(句)'는 두 개 이상의 어절이 모여 하나의 단어와 같은 기능을 한다. '우리 철수가'(주어 역할 명사구), '공부를 열심히 한다'(서술어 역할 동사구).

### ※ 구(句)와 절(節)의 구분

· **공통점**: 두 개 이상의 어절이 모여 하나의 의미 단위를 이룬다.
· **차이점**: 주어와 서술어 관계의 유·무를 기준으로 '절'과 '구'로 구분한다.

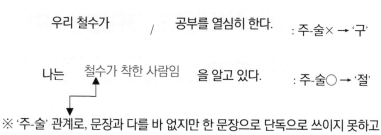

※ '주-술' 관계로, 문장과 다를 바 없지만 한 문장으로 단독으로 쓰이지 못하고 더 큰 문장 안에 들어가 있어 문장이라 할 수 없다.

---

1) 어절은 문장에서의 띄어쓰기 단위와 일치한다.

## ② 문장의 구조

기본적으로 문장은 행위의 주체가 되는 말 또는 설명의 대상이 되는 말인 '주어'와 주어의 움직임, 상태, 성질 따위를 설명하는 말인 '서술어'의 결합으로 이루어진다. 그리고 한 문장이 문법적으로나 의미적으로 완전한 문장이 되려면 개별 서술어가 필요로 하는 문장의 구성 요소를 갖추어야 한다. 이런 만큼 서술어는 문장의 기본 구조를 유형화하는 데에도 매우 중요한 기준이 된다.

(1) 문장의 기본 구조

| 동사문 | 철수가 공부한다. | 누가/무엇이 어찌하다 (동사) |
|---|---|---|
| | 철수가 밥을 먹는다. | 누가/무엇이 무엇을 어찌하다 (동사) |
| | 물이 얼음이 된다. | 누가/무엇이 무엇이 되다 (동사) |
| 형용사문 | 마음이 착하다. | 누가/무엇이 어떠하다 (형용사) |
| | 그는 학생이 아니다. | 누가/무엇이 무엇이 아니다 (형용사) |
| 명사문 | 이것이 꽃이다. | 누가/무엇이 무엇이다 (명사) |

(2) 문장의 확장 구조

문장의 기본 문형에 다양한 구성 요소를 추가하거나 또 다른 문형을 연결하여 문장을 확대시킬 수 있다.

| 추가 | 토끼가 뛴다. | → | (귀여운) 토끼가 (깡충깡충) 뛴다. |
|---|---|---|---|
| 연결 | 비가 오다.<br>바람이 분다. | → | (    ) 비가 오고 바람이 (    ) 분다. |

## ❸ 문장의 종결 표현

화자는 문장을 끝맺는 종결 어미를 활용하여 자기의 생각이나 느낌을 여러 가지 방식으로 표현할 수 있다. 화자의 문장 종결 방식에 따라 한국어의 문장은 다음 5가지 유형으로 나뉜다.

(1) 평서문의 이해

　① 정의: 평서문은 화자가 사건의 내용을 객관적으로 진술하는 문장이다.

　② 성립: 평서문은 평서형 종결 어미 '-다2), -네, -(으)오, -ㅂ니다, -습니다' 등에 의해 이루어진다.

---

2) '-다'는 형용사와 서술격 조사의 어간에 직접 결합하지만, 동사에서는 선어말 어미 '-는-/-ㄴ-', -었-, -겠-' 등과 함께 쓰인다.

| | | |
|---|---|---|
| · 해라체 | 외국어로서의 한국어학을 공부한다. | 공부해. |
| · 하게체 | 외국어로서의 한국어학을 공부하네. | 공부하지. |
| · 하오체 | 외국어로서의 한국어학을 공부하오. | 공부해요. |
| · 합쇼체 | 외국어로서의 한국어학을 공부합니다. | 공부하지요. |

③ 종류: 평서문은 화자가 진리나 당연한 사실을 단정적으로 표현하는 '원칙 평
   서문'과 화자의 추측이나 다짐을 표현하는 '확인 평서문' 그리고 화자
   의 약속의 뜻하는 '약속 평서문'으로 나눌 수 있다.

· 원칙 평서문('-느니라')      더욱 열심히 공부해야 하느니라.

· 확인 평서문('-렷다'[3])      그가 분명 외국인이렷다.

· 약속 평서문('-(으)마')      너한테 빌린 돈, 다음 주에 꼭 갚으마.

(2) 의문문의 이해
   ① 정의: 의문문은 화자가 청자에게 질문을 하여 대답을 요구하거나 의문을 나
      타내는 문장이다.

지금 열심히 공부하고 있느냐?      /      지금 열심히 공부하고 있니?

   ② 성립: 의문문은 의문형 종결 어미 '-(느)냐, -니, -는가, -나, -ㅂ니까, -습니까,
      -ㄹ까' 등에 의해 이루어진다.

---

3) "다시는 내 앞에 나타나지 말렷다."의 '-렷다'는 명령의 뜻을 나타내는 종결 어미로 기능한다.

· 해라체　　외국어로서의 한국어학을 공부하느냐?

· 하게체　　외국어로서의 한국어학을 공부하는가?　→ 가나? / 가나요?

· 하오체　　　외국어로서의 한국어학을 공부하오?

· 합쇼체　　외국어로서의 한국어학을 공부합니까?

③ 종류: 의문문은 청자에게 긍정 또는 부정 어느 한쪽 대답을 요구하는 '판정 의
　　　　문문', 구체적인 설명을 요구하는 '설명 의문문', 청자의 대답을 요구하
　　　　지 않으면서 강한 긍정의 진술, 감탄, 명령의 효과를 위한 '수사 의문문'
　　　　으로 나눌 수 있다.

· 판정 의문문　　　　　　　예습, 복습 했느냐?

· 설명 의문문　　　　　　　강의실에는 누가4) 있니?

· 수사 의문문　{　내가 너한테 만 원 못 빌려줄까?　　진술

　　　　　　　　　시험에 합격하면 얼마나 좋을까?　　감탄

　　　　　　　　　빨리 공부하지 못하겠느냐?　　　　명령

(3) 명령문의 이해

　① 정의: 명령문은 화자가 청자에게 무엇을 시키거나 행동을 요구하는 문장이다.

　　　　오늘 집에 일찍 와라.　　　/　　　늦었으니 빨리 먹어라5).

---

4) 설명 의문문에는 반드시 의문사가 나타난다. 의문사의 지시 대상에 대한 구체적 정보를 제시해 대답해야
　한다. '누가 / 누구', '언제', '어디에(서)', '무엇' 등이 있다.
5) 원칙적으로 명령문과 청유문은 동사에만 나타난다. 다만, '있어라(있자), 건강해라(건강하자), 성실해라
　(성실하자), 행복해라(행복하자), 부지런해라(부지런하자)' 등과 같이 기원이나 소망을 나타낼 때는 형용
　사의 명령, 청유 표현도 현실적으로 나타난다.

② 성립: 명령문은 명령형 종결 어미 '-어라/-아라, -게, -(으)오, -(으)십시오' 등에 의해 이루어진다.

- · 해라체     외국어로서의 한국어학을 공부해라.

- · 하게체     외국어로서의 한국어학을 공부하게.      }   공부해.

- · 하오체     외국어로서의 한국어학을 공부하오.

- · 합쇼체     외국어로서의 한국어학을 공부하십시오.    }   공부해요.

③ 종류: 명령문은 대면 상황에서의 '직접 명령문'과 매체 표현에서의 '간접 명령문'으로 나뉜다. 그리고 직접 명령문에는 허락의 의미를 표시하는 종결 어미가 있다.

- · 직접 명령문      한 눈 팔지 말고 열심히 강의를 들어라.

   (허락)      너도 한번 한국어교육 전공해 보려무나.

- · 간접 명령문      다음 문제를 읽고, 물음에 답하라.

                다음 중, 올바른 설명을 모두 고르라.

                다음 빈칸에 들어갈 말을 찾아 쓰라.

### ※ 간접 명령문

- · 정의: 매체를 통한 명령문으로, 특정한 독자나 청자를 고려하지 않는다.
- · 어미: '-(으)라'

| 찾아라 | 골라라 | 세워라 | 써라 | 참여해라 |
|--------|--------|--------|------|----------|
| ↓ | | | | |
| | 고르라 | | 쓰라 | |

(4) 청유문의 이해
 ① 정의: 청유문은 화자가 청자에게 같이 행동할 것을 요청(제안)하는 문장이다.

  오늘 학교에 빨리 가자.     /     시간이 늦었으니 빨리 먹자.


 ② 성립: 청유문은 청유형 종결 어미 '-자, -세, -(으)ㅂ시다, -시지요' 등에 의해
    이루어진다.

  · 해라체      외국어로서의 한국어학을 공부하자.  ⎫
  · 하게체      외국어로서의 한국어학을 공부하세.  ⎬  공부해.
  · 하오체      외국어로서의 한국어학을 공부합시다.  ⎫
  · 합쇼체      외국어로서의 한국어학을 공부하시지요.  ⎬  공부해요.


 ③ 의미: 청유문은 행동의 주체가 누구냐에 따라 의미 분화가 일어난다.

  · 화자+청자          우리 집에 같이 가자.
  · 화자          그래, 잘 들었어. 나도 한 마디 하자.
  · 청자          한 사람씩 차례대로 들어갑시다.


(5) 감탄문의 이해
 ① 정의: 감탄문은 화자가 청자를 의식하지 않거나 독백 상태의 자기 느낌을 표
    현하는 문장이다.

  벌써 1년이 다          네가
  갔구나!     /     달이 밝구나!     /     철수이로구나!

② 성립: 감탄문은 감탄형 종결 어미 '-(는)구나, -(는)군, -(는)구려' 등에 의해 이루어진다.

   · 해라체                   오늘 날씨가 좋구나!

   · 하게체                   오늘 날씨가 좋구먼!

   · 하오체                   오늘 날씨가 좋구려!

③ 종류: 감탄문은 종결 어미 형태에 따라 '-구나' 계열 감탄문과 '-어라' 계열 감탄문으로 나뉜다.

   · '-구나' 계열            갔군(요)! / 좋군(요)! / 철수이로군(요)!

   · '-어라'[6] 계열          아이고, 추워라! / 와, 추워!

---

6) 느낌의 주체가 화자가 아니거나 서술어가 형용사가 아닌 문장에서는 성립하지 않는다.

# 제2장 문장과 문장 성분

## ▣ 문장 성분의 이해

문장은 어절, 구, 절이 결합하여 형성되는데, 이렇게 한 문장을 구성하는 요소들을 '문장 성분'이라 한다.

(1) 문장 성분의 종류

위의 표현에는 각각 주체가 되는 말(주어), 대상이 되는 말(목적어), 서술하는 말(서술어)이 빠져 있어 문장이 성립하지 않는다. 이처럼 문장의 성립에 꼭 필요한 성분들을 '주성분'[7]이라 한다.

위의 예문은 주어와 서술어를 갖춘 문법적인 문장 구조이다. 다만, '꽃이' 앞에 '예쁜'(관형어), '피다' 앞에 '활짝'(부사어)과 같이 꾸며 주는 말을 추가할 수도 있다. 이처럼 주성분의 내용을 꾸며 주며 뜻을 더하여 주는 성분을 '부속 성분'이라 한다.

---

7) 주어, 목적어, 서술어 외에 보어도 주성분에 포함된다.

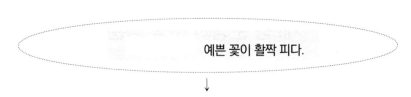

예쁜 꽃이 활짝 피다.

↓

위 예문은 부속성분과 주성분이 결합한 문장이다. 이 문장 앞에도 '어머나'나 '와' (독립어)와 같은 감탄의 말을 추가할 수 있다. 다만, 다른 문장 성분들과 직접적인 관계를 맺지 않는다는 점이 특징이다. 이를 '독립 성분'이라 한다.

(2) 문장 성분의 체계

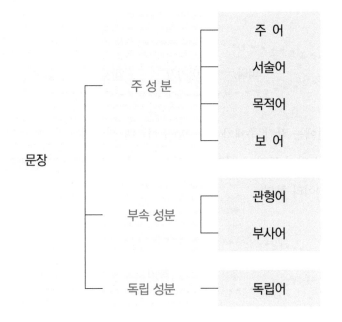

## ② 문장 성분: 주성분

문장의 기본 골격을 이루는 주성분(필수적 성분)에는 주어, 서술어, 목적어, 보어가 있다.

> ㉮ 꽃이 피다.  ㉯ 철수가 공부를 한다.  ㉰ 물이 얼음이 되었다.

(1) 주어(主語)의 이해

　① 기능: 주어는 서술어가 나타내는 동작, 상태, 성질의 주체가 되는 말이다.

　　· '피다' (누가/무엇이) →　꽃이　 / '한다'　철수가　 / '되었다'　물이

　② 성립: 주어는 원칙적으로 체언에 주격 조사 '이/가'가 붙는다. 또한 체언 역할
　　　의 명사구 및 명사절에 주격 조사8)가 결합해 주어가 되기도 한다.

　　· '꽃이, 철수가, 물이'　　　　　체언 + '이/가'

　　· 저 학생의 키가 크다.　　　　　명사구 + '이/가'

　　· 어제 산 꽃이 예쁘다.　　　　　명사절 + '이/가'

　③ 특징: 한 문장에 하나 이상의 주어가 나타나는 반면 생략되는 수도 있다. 그
　　　리고 주어의 성격에 따라 다른 문장 성분에 영향을 주기도 한다.

---

8) 이 외에도 체언 구실을 하는 용언의 명사형(쓰기가 어렵다.)과 용언의 연결형(거짓말하고 나서가 문제이
다.)도 주격 조사를 취해 주어가 된다. 그리고 '께서(높임의 명사)', '에서(단체 무정 명사)'가 주격 조사로
쓰이기도 하고, 일부 보조사가 주격 조사 자리를 대신하기도 한다.

· <u>코끼리가</u> <u>코가</u> 길다. : 코끼리가(전체문장 주어)+코가(안긴문장 주어)

⌜ · 늦었으니 빨리 <u>자라</u>. : 명령문(2인칭 주어 생략)

⌞ · 지난 일을 생각하면 슬프다. : 주관적 형용사문(1인칭 주어 생략)

· <u>할아버지</u>께서 신문을 읽<u>으신</u>다. : 높임 명사 + 선어말 어미 '-시-'

(2) 서술어(敍述語)의 이해

① 기능: 서술어는 주어의 동작, 상태, 성질을 설명하는 말로, 종결형으로 나타난다.

· '꽃'
(상태) → 피다 / '철수'
(동작) 하다 / '물'
(상태) 되다

② 성립: 서술어는 동사, 형용사 그리고 체언에 서술격 조사('이다')의 결합으로 실현[9]된다.

· 개가 <u>짖다</u>.                          동사

· 꽃이 <u>예쁘다</u>.                        형용사

· <u>그는</u> <u>학생이다</u>.                  체언+서술격 조사

③ 특징: 개별 서술어의 성격에 따라 필요로 하는 문장 성분의 수가 달라지는데, 이를 '서술어의 자릿수'라 한다.

---

9) 본용언과 보조 용언(경복궁에 <u>가 보았다</u>. 에버랜드에 <u>가고 싶다</u>.)의 결합이나 서술절(코끼리가 <u>코가 크</u>
<u>다</u>.)의 형태로도 나타난다.

- '짖다', '피다'　　한 자리 서술어　　주어만 필요한 서술어

- '먹다'　　　　　　　　　　　주어, 목적어가 필요한 서술어

　　　　　　　　두 자리 서술어

- '되다'　　　　　　　　　　　주어, 보어가 필요한 서술어

- '주다', '삼다'　　세 자리 서술어　　주어, 목적어, 부사어가 필요한
　　　　　　　　　　　　　　　　서술어

　예 <u>선생님께서</u> <u>철수에게</u> 상장을 주셨다. <u>그는</u> <u>그녀를</u> 친구로 삼았다.

※ 동일한 형태의 단어일지라도 구체적인 의미 차이에 따라 자릿수가 달라진다.

밝다

　　　　햇살이 <u>밝다</u>.　　　　→　　　□ 자리 서술어

　　　그는 성남의 지리에 <u>밝다</u>.　→　　　□ 자리 서술어

(3) 목적어(目的語)의 이해

　① 기능: 목적어는 서술어의 대상이 되는 말로, 타동사의 앞에 위치한다.

　　- '하다' (무엇을) →　공부를　/ '먹다' →　밥을　/ '부르다' →　노래를

　② 성립: 목적어는 원칙적으로 체언에 목적격 조사 '을/를'이 붙는다. 또한 체언
　　　역할의 명사구 및 명사절에 목적격 조사[10]가 결합하기도 한다.

---

10) 목적격 조사 '을/를'은 받침 없는 체언 뒤에서 'ㄹ'로 줄여 표현(누구를→누굴) 하기도 한다.

| | |
|---|---|
| · '공부를, 밥을, 노래를' | 체언 + '을/를' |
| · 철수는 <u>새 희망을</u> 갖다. | 명사구 + '을/를' |
| · 나는 <u>그가 남자임을</u> 알았다. | 명사절 + '을/를' |

③ 특징: 한 문장에 하나 이상의 목적어가 겹치기도[11]하는 반면 생략되는 수도
   있다. 또한 목적격 조사 자리에 보조사가 대신하기도 한다.

· 할머니께서 나에게 <u>용돈(을)</u> 만 원을 주셨다. : 만 원은 용돈의 수량

· <u>숙제(를)</u> 했어? - 아니. <u>(숙제를)</u> 안 했어. : 구어체에서 생략

· 철수는 <u>노래는(도)</u> 잘 부른다. : 보조사 '는', '도'가 목적격 조사에 쓰임

(4) 보어(補語)의 이해
   ① 기능: 주어와 서술어만으로 완전한 의미를 드러내지 못하는 문장에서, 의미
      보충을 위해 필요한 말이다.

| | | | |
|---|---|---|---|
| · '물이 | 되다' (무엇이) → | 얼음이 |
| · '그는 | 아니다' (무엇이) → | 학생이 |

   ② 성립: 보어는 체언 및 명사구, 명사절에 보격 조사 '이/가'가 결합한다. 그리고
      보격 조사 대신 보조사가 쓰이기도 한다.

## 3 문장 성분: 부속성분

문장의 주성분을 꾸며 주는 부속 성분(수의적 성분)에는 관형어와 부사어가 있다.

---

11) 뒤의 목적어가 앞의 목적어의 수량을 나타내거나, 그것의 한 부분 또는 한 종류를 나타낸다.

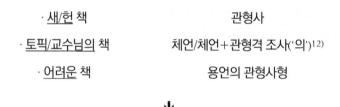

㉮ 철수가 새 책을 샀다.　　㉯ 토끼가 빨리 달린다.

(1) 관형어(冠形語)의 이해

　① 기능: 관형어는 체언 앞에서, 체언의 뜻을 꾸며 주는 말이다.

　　　· '철수가　　　　책을 샀다' (무슨/어떤) →　새, 토픽, 교수님의, 어려운

　② 성립: 관형어는 관형사, 체언, 용언의 관형사형 형태로 성립된다.

|  |  |
|---|---|
| · <u>새/헌</u> 책 | 관형사 |
| · <u>토픽/교수님의</u> 책 | 체언/체언＋관형격 조사('의')[12] |
| · <u>어려운</u> 책 | 용언의 관형사형 |

↓

### ※ 관형격 조사 '의'와 관형사형의 기능

　· 관형격 조사 '의': 다양한 의미 해석이 가능하다.

　　　　교수님의 책 ┤ ❶ 교수님이 소유한 책 ❷ 교수님이 쓴 책
　　　　　　　　　　└ ❸ 교수님을 쓴 책 ❹ 교수님이 말한 책

　· 관형사형의 기능: 용언의 관형사형은 '-는, -(으)ㄴ, -(으)ㄹ, -던'의 관형사형 어미결합으로 현재, 과제, 미래 시제를 표현한다.

　③ 특징: 관형어는 부사어와 달리 자립성이 없으며, 수의적 성분이지만 의존 명

---

12) 체언에 결합하는 관형격 조사 '의'(교수님 책)는 생략될 수 있다. 그리고 체언과 서술격 조사의 관형사형이 결합(남자인 철수)해도 관형어로 기능한다.

사 앞에는 반드시 와야 한다. 한 문장에 여러 관형어가 겹쳐 나타날 때는 일정한 순서를 따라야 한다.

· 새 책이야, 헌 책이야? - *새.: 관형사(관형어)

· 빨리 먹어, 천천히 먹어? - 빨리.: 부사(부사어)

· 어제 산 것보다 오늘 산 것이 더 비싸다.: 관형어 + 의존 명사 '것'

· 저 두 젊은 학생은 베트남에서 온 유학생이다.: '지시-수-성상' 관형어 순


(2) 부사어(副詞語)의 이해

　① 기능: 부사어는 용언 앞에서, 용언의 뜻을 꾸며 주는 말이다.

　· '토끼가　　　　　달린다.' (어떻게) →　빨리, 숲속으로, 하늘을 날 듯


　② 성립: 부사어는 부사, 체언, 부사성 의존 명사구의 형태로 성립된다.

　· 빨리/천천히　　　　　　　　　　　부사

　· 숲속으로　　　　　　　　　　체언+부사격 조사

　· 하늘을 날 듯　　　　　　관형어+부사성 의존명사[13]

---

13) 관형어 뒤의 '양, 체, 채, 듯, 대로, 만큼' 등이 부사성 의존 명사에 해당한다. 예를 들면, "감기에 걸린 양 심한 기침을 한다. 옷을 입은 채 잠들다. 들은 대로 이야기한다."의 밑줄 친 부분이 부사어 역할을 하고 있다.

## ※ 부사격 조사

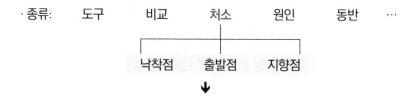

·종류:　도구　　비교　　처소　　원인　　동반　…

　　　　　　　　낙착점　출발점　지향점

↓

처소 : 산에 집을 짓다. 학교에서 출발했다. 집으로 갑니다.

도구 : 컴퓨터 사인펜으로 칠하세요.

비교 : 철수의 형은 동생보다 키가 크다.

원인 : 옆집의 시끄러운 소리에 잠을 깼다.

동반 : 나는 대학교 친구와 함께 여행을 갔다.

↓

## ※ 부사격 조사 '에'의 의미 기능

※ 다음 문장의 부사격 조사 '에'의 의미 기능에 대해 살펴보자.

| 옷에 먼지가 묻다. | · | · | 처소/낙착 |
|---|---|---|---|
| 열두 시에 출발해라. | · | · | 시간/때 |
| 나는 학교에 간다. | · | · | 처소/지향 |
| 바람에 꽃이 지다. | · | · | 원인 |
| 동생에 비해 착하다. | · | · | 비교 |

## ※ 부사격 조사 '에'/'에게'의 차이

※ 다음 문장의 부사격 조사 '에'와 '에게'의 용법에 대해 알아보자.

꽃에 물을 주다. / *꽃에게 물을 주다.　　: 유정 / 무정　명사+'에'

형에게 물을 주다. / *형에 물을 주다.　　: 유정 / 무정　명사+'에게'

③ 종류: 부사어는 문장의 특정한 성분을 꾸며 주는 '성분 부사어'와 문장 전체를 꾸며 주는 '문장 부사어'로 나눌 수 있다.

<table>
<tr><td></td><td>늦었으니 <u>빨리</u> 가자. (서술어 수식)</td></tr>
<tr><td>성분 부사어</td><td>저 차가 <u>정말</u> 빨리 달린다. (부사어 수식)</td></tr>
<tr><td></td><td>이번에 잘못한 사람은 <u>바로</u> 철수야. (체언 수식)</td></tr>
<tr><td>문장 부사어</td><td><u>확실히</u> 그는 시험에 합격할 거야. (문장 전체 수식)</td></tr>
</table>

④ 특징: 부사어는 수의적 성분이지만, 용언의 특성에 따라 필수적 부사어를 요구하기도 한다. 관형어와 달리 보조사와 자유롭게 결합하며 문장 부사어의 경우 어순의 이동14)이 자유롭다.

· 이것은 <u>저것과</u> 같다.

· 토끼가 <u>빨리도/빨리는/빨리만</u> 달린다.

· 그는 <u>확실히</u> 시험에 합격할 거야. / 그는 시험에 합격할 거야, <u>확실히</u>.

### ※ 필수적 부사어

· '체언+와/과'  + '같다, 다르다, 비슷하다, 닮다' 등
  예 철수는 아버지와 닮았다.

· '체언+에/에게'  + '넣다, 드리다, 던지다, 수여 동사' 등
  예 빈칸에 알맞은 말을 넣어라.
  예 삼촌께서 용돈을 누나에게 주셨다.

· '체언+(으)로'  + '삼다, 변하다, 여기다' 등
  예 그는 친구의 딸을 며느리로 삼았다.

---

14) 부사어가 다른 부사어나 관형어, 체언을 꾸밀 때(*저 차가 빨리 정말 달린다.)와 부정 부사 '아니, 못'은 (*아파서 못 학교에 갔다.) 어순 이동이 불가하다.

## 4 문장 성분: 독립 성분

문장의 독립 성분은 문장 내에서 다른 성분들과 직접적인 관계를 맺지 않는 성분으로, 독립어가 있다.

㉮ 아! 큰일 났다.　㉯ 그러나 나는 행복하다.

(1) 독립어(獨立語)의 성립

　① 감탄사는 독립어가 된다.

　　　　　　, 큰 사고가 났다. →　　　아, 앗, 어머나

　② 체언에 호격 조사가 결합한 부르는 말15)이 독립어가 된다.

　　　　　　, 콩나물 사 와라. →　　　철수야, 명섭아

　③ 문장 제시어 및 표제어 그리고 문장 접속 부사16)도 독립어가 된다.

　　　　　　, 참 좋은 단어이다. →　　　사랑, 고마워.

　　· 나는 수학은 싫어한다.　국어는 좋아한다. →　그러나

---

15) "엄마, 아빠 도서관에 다녀오겠습니다." - "그래, 잘 갔다 와."의 밑줄 친 부름과 대답하는 말도 독립어로
　　기능한다.
16) 그러나 단어나 어절을 이어주는 접속사인 '및, 또' 등은 부사어에 해당한다.

(2) 독립어(獨立語)의 특징

독립어는 뒤의 문장과 독립적인 관계에 있지만 문장 부사어는 뒤의 문장을 수식하므로 그 문장의 한 성분이 될 수 있다.

확실히 , 그는 합격할 거야. → 그가 합격할 것은 확실하다.

# 제3장 문장의 종류 및 확장

## 1 문장의 종류

지금까지 문장의 개념과 구성 성분에 대해서 살펴보았다. 모든 문장은 서술어가
요구하는 성분의 결합으로 이루어져 있으며, 그 형태는 매우 다양하다. 그러나 문장
은 주어와 서술어의 관계 맺음의 횟수에 따라 다음 두 가지 종류로 나뉘어진다.

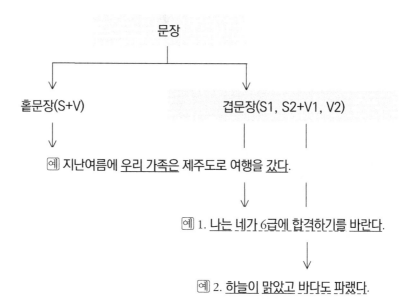

홑문장은 주어와 서술어가 한 번만 맺어진 문장으로, 간결하고 명확한 의사 전달
이 가능하다. 그러나 복잡한 내용을 표현하기 어렵다. 그러나 겹문장은 홑문장의 확
장 형태로, 주어와 서술어가 두 번 이상 맺어진 문장이다. 홑문장에 비해 많은 정보를
담을 수 있으나 문장 관계가 복잡해 정확한 의미 전달이 어렵다.

## ② 문장의 확장1(안은문장과 안긴문장)

겹문장 예1과 같이 주어와 서술로 맺어진 절이 더 큰 문장 안의 성분이 되는 문장을 안은문장(안긴문장)이라 한다.

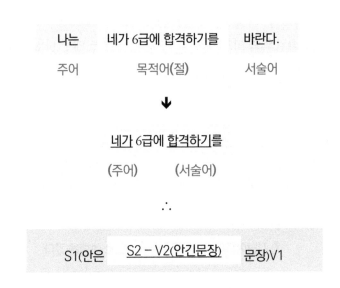

(1) '명사절'을 안은 문장

　① 기능: 주-술 관계의 절이 문장에서 주어, 목적어, 부사어의 기능을 한다.

　　　명사절 이/가 V.　　　S 명사절 을/를 V.　　　S **명사절** 에 V.

　② 성립: 주-술 관계의 절에 명사절을 만들어 주는 어미 '-(으)ㅁ, -기'가 붙는다.

　　　　　·　그가 학생이었음　이 밝혀졌다.
　　　　　· 어머니는　아들이 시험에 합격했음　을 알았다.
　　　　　· 이 소설책은　외국인 유학생이 읽기　에 너무 어렵다.

(2) 관형사절을 안은 문장

    ① 기능: 주-술 관계의 절이 문장에서 관형어의 기능을 한다.

          · 나는    민수가 휴학한다는    소식을 들었다.

    ② 성립: 주-술 관계의 절에 관형사절을 만들어 주는 어미 '-(으)ㄴ, -(으)ㄹ, 던'이 붙는다.

        ·   어제 산    핸드폰이 고장났다.
        · 우리는    내일 볼    영화를 예매했다.
        ·   책을 좋아하던    아이가 소설가가 되었다.

(3) 부사절을 안은 문장

    ① 기능: 주-술 관계의 절이 문장에서 부사어의 기능을 한다.

          · 친구는    말도 없이    강의실을 나갔다.

    ② 성립: 주-술 관계의 절에 부사절을 만들어 주는 어미 '-이, -게, -도록, -(아)서'[17]가 붙는다.

        · 우리는 버스를    눈이 빠지게    기다렸다.
        · 친구들은 노래를    목이 쉬도록    불렀다.
        · 그는    머리가 아파서    감기약을 먹었다.

이들 명사절, 관형사절, 부사절은 각각 해당 절로 기능하게 하는 명사형 어미, 관형사형 어미, 부사형 어미가 반드시 결합한다.

---

17) '-(아서)'는 부사형 어미와 종속적 연결 어미로 기능한다. 따라서 "그는 머리가 아파서 감기약을 먹었다."를 종속적으로 이어진 문장으로 해석하기도 한다.

(4) 서술절을 안은 문장

　① 기능: 주-술 관계의 절이 문장에서 서술어의 기능을 한다.

　　　　· 코끼리는　　코가 길다.

　② 성립: 주-술 관계의 절이 특별한 문법적 표지 없이 그대로 결합한다.

　　　　· 토끼는　　앞발이 짧다.
　　　　· 영희는　　마음이 착하다.
　　　· 이 음식점은　　김치찌개가 맛있다.


(5) 인용절을 안은 문장

　① 기능: 화자의 생각, 판단 또는 다른 사람의 말을 인용한 문장이 절의 형태로
　　　　나타난다.

　　　　· 교수님께서　　"여러분, 내일 기말시험 봐요."라고　　말씀하셨다.

　② 성립: 화자의 생각, 판단 또는 다른 사람의 말에 인용격 조사 '-고, -라고'가 결
　　　　합하여 성립한다.

　　　　· 그는　　한국어 공부가 재미있다고　　말했다. : 간접 인용
　　　· 대통령께서　　"모든 사람은 법 앞에 평등하다."라고　　말했다. : 직접 인용


　이상 서술절과 인용절은 해당 절로 기능하게 하는 특별한 표지의 어미가 결합하지 않는다는 점에서 명사절, 관형사절, 부사절과 성격이 다르다. 그리고 인용절은 인용격 조사가 결합한다는 점에서 서술절과 다른 모습을 보인다.

## ③ 문장의 확장2(이어진문장)

겹문장 [예]2와 같이 주어와 서술어로 맺어진 둘 이상의 절이 연결 어미에 의해 결합된 문장을 이어진문장이라 한다.

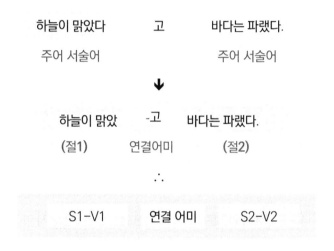

(1) '대등하게 이어진문장'

① 기능: 주-술 관계의 앞 절과 뒤 절이 서로 영향을 주지 않고 독립적으로 이어지게 한다.

   .   형은 국어를 좋아하    **-며 / -지만**    동생은 수학을 좋아한다.

② 성립: 앞 절과 뒤 절이 연결 어미 '-고, -(으)며, -(으)면서, -지만, -다만, -(으)나' 등에 의해 연결된다.

   .   우리는 밥을 먹    **으면서**    (우리는) 이야기를 나눈다.

(2) '종속적으로 이어진문장'

　① 기능: 주-술 관계의 앞 절과 뒤 절을 종속적으로 이어지게 한다.

. 나는 한국을 좋아하　　　-어서 / -니　　　한국어를 배웠다.

　② 성립: 앞 절과 뒤 절이 연결 어미 '-(으)면, -(아)서, -(으)려고, -(으)므로, -느라고' 등에 의해 연결된다.

. 우리는 공부하　　　　려고　　　　도서관으로 갔다.


### ※ 문장의 종류 및 확장 탐구

※ 다음 문장을 홑문장과 겹문장으로 구분해 보자.

❶ 어제 본 드라마는 재미있었다. 　(홑문장/✓겹문장)
❷ 학생들의 눈이 초롱초롱 빛난다. 　(✓홑문장/겹문장)


※ 다음 문장에서 안긴문장을 찾아 어떤 절을 안은 문장인지 이어보자.

❶ 그는 내가 떨어트린 것을 주웠다. 　　　( 　명사절　 )
❷ 나는 오늘 산 꽃을 그녀에게 선물했다. 　( 　관형사절　 )
❸ 우리는 시험 시간을 눈이 빠지게 기다렸다. 　( 　부사절　 )
❹ 소크라테스는 "악법도 법이다."라고 했다. 　( 　인용절　 )
❺ 교수님이 참 마음이 넓으시다. 　　　　( 　서술절　 )


※ 다음 문장을 이어진문장의 유형으로 구분해 보자.

❶ 오늘은 비가 와서 길이 미끄럽다. 　　(대등적/✓종속적)
❷ 이것은 비싸지 않지만 정성이 가득하다.(✓대등적/종속적)

# 제Ⅶ부 문법 범주론

# 제1장 문장의 높임 표현

## ▣ 언어문화로서의 높임법

한국어의 높임법은 언어(한국어)와 문화(한국문화)의 관계[1]를 가장 잘 대변하는 문법 요소이다. 높임법은 대화 당사자 간의 상하 관계, 친소 관계 등에 따라 사람 사이의 관계를 세분화하여 명확히 표현하고자 했던 의도가 반영된 것으로, 한국 민족의 공경 문화를 보여준다.[2]

한국어의 높임법은 다음과 같이 문법적 형태소를 활용한 높임 표현 방식과 높임을 나타내는 특수한 어휘를 활용한 높임 표현으로 구분할 수 있다.

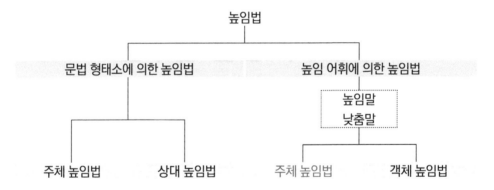

---

[1] 언어는 그 언어를 사용하는 사람들의 문화(생활방식과 사고방식)를 반영하며, 문화는 언어에 의해 의사소통을 통해 이루어지고, 그 속에서 다양한 형태로 나타난다.
[2] '친족어'의 발달은 가족과 혈연관계를 중시하는 한국인의 혈연 중심 문화를 보여주며, 인칭 대명사 '우리'의 빈번한 사용은 공동체를 중시하는 언어문화를 보여주는 대표적 사례이다.

## ② 상대 높임법

상대 높임법은 화자가 청자를 높이거나 낮추어 말하는 방법이다. 화자와 청자의 관계에 따라 '가다'의 종결 표현은 다음과 같이 세분화된다.

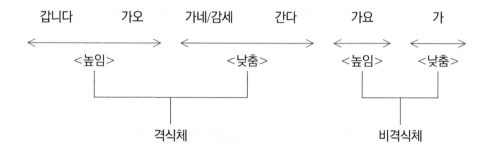

· 기준: 종결 표현의 종결 어미(-ㅂ니다 > -오 > -네/-세 > -ㄴ다)
· 체계: 격식체(4등분)와 비격식체(2등분)


(1) 격식체 상대 높임법
　① 기능: 격식체는 공식적인 자리에서 사용하는 의례적 용법으로, 화자와 청자와의 심리적 거리감을 나타낸다.
　② 용례: 문장 종결법에 따른 상대 높임법(격식체)의 양상은 다음과 같다.

| 체 | 등분 | 평서문 | 의문문 | 명령문 | 청유문 | 감탄문 |
|---|---|---|---|---|---|---|
| 합쇼체 | 아주 높임 | 합니다 | 합니까? | 하십시오 | 하시지요 | - |
| 하오체 | 예사 높임 | 하오 | 하오? | 하오 | 합시다 | 하는구려 |

| 하게체 | 예사 낮춤 | 하네 | 하는가? | 하게 | 하세 | 하는구먼 |
|---|---|---|---|---|---|---|
| 해라체 | 아주 낮춤 | 한다 | 하냐? | 해라 | 하자 | 하는구나 |

(2) 비격식체 상대 높임법

① 기능: 비격식체는 비공식적인 자리의 정감 있고 부드러운 표현으로, 화자와
청자와의 심리적 거리감이 없음을 나타낸다.

② 용례: 문장 종결법에 따른 상대 높임법(비격식체)의 양상은 다음과 같다.

| 체 | 등분 | 평서문 | 의문문 | 명령문 | 청유문 | 감탄문 |
|---|---|---|---|---|---|---|
| 해요체 | 두루 높임 | 해요 | 해요? | 해요 | 해요 | 해요 |

| 해체 | 두루 낮춤 | 해 | 해? | 해 | 해 | 해 |
|---|---|---|---|---|---|---|

### ※ 격식/비격식 표현 효과

· [가] 장면

교수: 여러분, 주말 잘 보냈습니까? 오늘도 열심히 공부합시다.
학생: 네. 알겠습니다.

· [나] 장면

교수: 여러분, 주말 잘 보냈어요? 오늘도 열심히 공부해요.
학생: 네. 알겠어요.

· [다] 장면3)

교수: 여러분, 주말 잘 보냈어요? 오늘도 열심히 공부합시다.
학생: 네. 알겠어요. 열심히 하겠습니다.

---

3) 많은 이들, 특히 젊은 세대들은 일상생활에서 격식체 대신 '해체'와 '해요체'의 비격식체를 사용하는 경향
이 있다. 그리고 [다] 장면처럼 격식체와 비격식체를 혼용해 사용하기도 한다.

## 3 주체 높임법

주체 높임법은 화자가 서술의 주체인 문장 주어를 높이는 방법이다. 화자와 서술
주체의 관계에 따라 주격 조사와 서술어의 형태가 다음과 같이 달라진다.

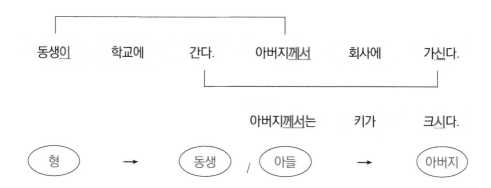

· 기준: 주어(주격 조사 '께서' / 접미사 '-님') + 서술어(선어말 어미 '-(으)시-')
· 종류: 직접 높임, 간접 높임


(1) 직접 높임
　① 기능: 직접 높임은 화자가 문장의 주체를 직접 높이는 것으로, 서술어의 주체
　　　　가 직접적인 높임의 대상이다.
　② 방법: 직접 높임은 서술어에 선어말 어미 '-시-'를 결합하는 방법과 특수한 어
　　　　휘(높임말)를 사용하는 두 가지 방법이 있다.

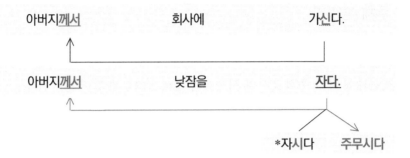

③ 특징: 직접 높임의 대상은 2, 3인칭으로, 화자 자신은 높임의 대상이 아니다. 또한 문장의 주체가 화자보다 높다고 하더라도 청자가 주체보다 높을 때에는 원칙적으로 '-시-'를 쓸 수 없다. 그러나 주체가 화자보다 낮지만 청자보다 높을 때에는 '-시-'를 사용할 수 있다.

· *나는 학교에서 공부하고 <u>계신다</u>.
· ?할아버지, 아버지께서 오셨습니다. - 할아버지, 아버지가 왔습니다.4)
· 철수야, 아버지 오셨니?


(2) 간접 높임
① 기능: 간접 높임은 화자가 문장의 주체를 직접 높이는 것이 아니라, <u>주체와 밀접하게 관련된 대상</u>을 높임으로써 주체를 간접적으로 높인다.

---

4) 화자의 입장에서 문장의 주체인 아버지는 높임의 대상이다. 그러나 청자인 할아버지가 주체인 아버지보다 높기 때문에 '-시-'를 사용할 수 없다. 이를 '압존법'이라 하는데, 가정에서만 지켜진다. 그러나 국립국어원에서는 가정에서도 반드시 지켜야 하는 것은 아니라 풀이한다.

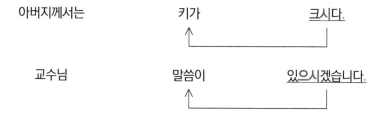

아버지께서는       키가       <u>크시다.</u>

교수님       말씀이       <u>있으시겠습니다.</u>

② 특징: 간접 높임에서, <u>주체와 밀접하게 관련된 대상</u>에는 다음의 것들이 있다. 먼저, 높여야 할 대상의 신체 부분과 소유물이 있다. 그리고 주체와 관련된 일이나 사물 등이 있다.

· 신체: (아버지께서는) 키(손)가 <u>크시다.</u> 귀(눈)가 <u>밝으시다.</u>
· 소유물: (교수님은) 시계가 <u>없으시다.</u>
· 일 / 사물: (선생님은) 감기가 <u>드셨다.</u> 형편이 <u>넉넉하시다.</u>

<h3 align="center">※ '있다'의 직접/간접 높임 표현</h3>

※ 다음 예문에서 서술어 '있다'의 높임 표현의 차이에 대해 알아보자.

학생 A: *○○대 총장님께서 이 자리에 <u>있으십니다.</u>
→ 학생 B: ○○대 총장님께서 이 자리에 <u>계십니다.</u>

∴ 있다(존재, 在) - 계시다 / (직접/간접) 높임

학생 B: *잠시 후, ○○대 총장님의 말씀이 계시겠습니다.
→ 학생 B: 잠시 후, ○○대 총장님의 말씀이 <u>있으시겠습니다.</u>

∴ 있다(소유, 有) - 있으시다 / (직접/간접) 높임

## 4 객체 높임법

객체 높임법은 화자가 문장의 객체를 높이는 방법이다. 문장의 객체는 목적어 또는 부사어가 지시하는 대상을 가리킨다.

(1) 목적어 높임

(2) 부사어 높임

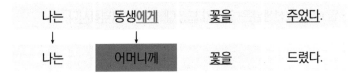

(3) 객체 높임법의 특징
   ① 특수한 어휘 사용:

    객체 높임법은 선어말 어미 '-시-'를 사용하는 주체높임법과 종결 어미를 사용하는 상대 높임법과 달리 높임의 의미를 지니는 특수한 어휘로만 표현된다.

   ② 부사격 조사 변화:

    객체 높임법에서는 부사격에 결합하는 조사 '에게' 대신 '께'를 사용한다.

## ※ 객체 높임법 활용

※ 다음 밑줄 친 부분을 객체 높임법의 형태로 바꾸어 보자.
· 보다 → □□

예 학생: 선생님, 다음 주에 <u>보다</u>. →

· 묻다 → □□□

예 학생: 선생님 잠시 물어볼 게 있는데요. →

· 밥 → □□, 말 → □□, 이 → □□, 술 → □□, 집 → □ 등

# 제2장 문장의 시간 표현

## ▮1 시간과 시제(時制)의 관계

시간은 자연에 존재하는 현상으로, 이를 표현하는 문법 범주에는 시제와 동작상이 있다. '시제'는 동작이나 상태가 일어난 시간을 언어적으로 표현하는 것이고, '동작상'은 동작이 일어나는 모습을 표현하는 것이다.

(1) 시제의 이해
  ① 종류: 한국어의 시제는 과거 시제, 현재 시제, 미래 시제로 구분한다.
  ② 기준: 발화시(화자가 말하는 시점), 사건시(동작이나 상태가 일어나는 시점)

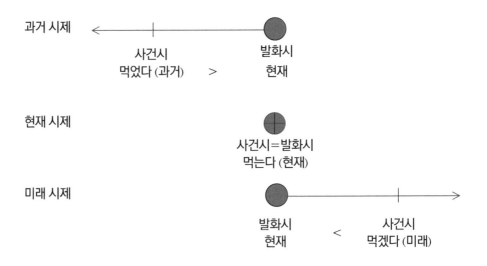

③ 해석: 절대적 시제(발화시를 기준으로 결정되는 시제), 상대적 시제(사건시에 따라 상대적으로 결정되는 시제)

(2) 시제의 특징
　① 활용 형태:
　　한국어의 시제는 일반적으로 종결형에서 명확히 나타난다. 또한 관형사형이나 연결형으로 표시되기도 한다.

　　　· 활용: 먹었다, 먹는다, 먹겠다 / 먹는, 먹은, 먹을 / 빵을 먹고 학교 갔다.

　② 부사 호응:
　　사건시와 관련한 시간 부사와의 호응에 의해 시제 형태가 명확히 드러난다.

　　　· 부사: <u>지금</u> <u>공부한다</u>. / <u>어제</u> 친구를 <u>만났다</u>. / <u>주말에</u> 여행을 <u>가겠다</u>.

　③ 결합 제약:
　　명령형과 청유형에서는 시제 형태가 결합하지 않는다.

　　　· 제약: 어서 빨리 책을 읽어라. / 읽자. → *읽었어라. / *읽는자.

─────────────────

5) 전체 문장은 과거 시제이지만 과거 상황에서의 현재 시제를 나타낸다.

## 2 시제의 종류

시제는 발화시와 사건시의 관계에 따라 과거 시제, 현재 시제, 미래 시제로 구분하는 것이 일반적이다.


(1) 과거 시제의 이해
   ① 정의: 과거 시제는 사건시가 발화시보다 앞서 있는 시제이다.
   ② 방법(1): 과거 시제는 선어말 어미 '-았-/-었-/-였-'(-었었-/-았었-) 또는 '-더-'
      (과거 회상)를 사용하여 표현한다.

> · 나는 (어제) 친구를 보았다. 그녀는 (어릴 적) 예뻤다. 공부하였다.
> · 아까 매운 라면을 먹더라. 가게의 꽃이 예쁘더라. 내가 읽은 책이더라.

### ※ '-았-/-었-'의 특수성

※ 다음 밑줄 친 시제 표현의 특징에 대해 알아보자.

| | |
|---|---|
| · 나는 <u>지금</u> 의자에 앉았다. | (과거 / ✓현재) |
| · 너 이제 집에 가면 엄마한테 혼났다. | (과거 / ✓미래) |

### ※ '-었었-/-았었-'의 특수성

※ 다음 시제 표현에 나타나는 두 문장의 의미 차이에 대해 알아보자.

> · 그는 담배를 <u>피웠다</u>. / <u>피웠었다</u>. (단순 과거 / ✓현재와의 단절)


   ③ 방법(2): 과거 시제는 관형사형 어미 '-(으)ㄴ' 또는 '-던'6)에 의해서도 나타난다.

---

6) '-더-'의 관형사형 '-던-'은 동사뿐만 아니라 형용사와 서술격 조사에도 나타날 수 있다.

· 어제 먹은 음식이 맛있었다. 지금까지 만난 여성은 셀 수 없다.
· 제가 먹던 빵입니다.
· 꽃처럼 곱던 얼굴에 주름이 생기다.
· 신입생이던 그가 벌써 졸업을 앞두고 있다니!


(2) 현재 시제의 이해

　① 정의: 현재 시제는 사건시가 발화시와 일치하는 시제이다.

　② 방법(1): 현재 시제는 선어말 어미 '-는-/-ㄴ-'7)을 사용한다.


· 나는 (지금) 책을 읽는다. 그녀는 학교에 간다.
· 여의도에 핀 벚꽃이 예쁘다. 모에카는 내가 가르치는 <u>학생이다.</u>

### ※ 현재 시제의 특수성

※ 다음 밑줄 친 시제 표현의 특징에 대해 알아보자.

· 나는 <u>다음 주말에</u> 고향에 <u>간다.</u> 　　　　　(과거 / ✓현재)
· 지구는 태양을 <u>돈다.</u> 인간은 사회적 <u>동물이다.</u> 　(과거 / ✓미래)


　③ 방법(2): 현재 시제는 관형사형 어미 '-는' 또는 '-(으)ㄴ'에 의해서도 나타난다.

· 수업 후, 학교에서 책을 읽는 학생과 집으로 가는 학생도 있다. - 동사
· 강의실 뒤의 머리가 긴 학생과 짧은 학생은 자매간이다. - 형용사
· 경찰관인 그가 음주운전을 했을 리가 없다. – 서술격 조사


(3) 미래 시제의 이해

　① 정의: 미래 시제는 사건시가 발화시보다 뒤에 오는 시제이다.

　② 방법(1): 미래 시제는 선어말 어미 '-겠-'을 사용하여 표현한다. 그리고 특수

---

7) 동사의 현재 시제는 선어말 어미 '-는-/-ㄴ-'에 의해 나타나는 반면 형용사와 서술격 조사의 현재 시제는
기본형으로 시제 표시의 형태가 따로 존재하지 않는다.

한 형태로 관형사형 어미 '-(으)ㄹ'과 의존 명사 '것'이 결합된 '-(으)ㄹ 것'도 미래 시제로 쓰인다.

· 수업 후, 교수님 연구실로 가겠습니다. - 미래 (+) 의지
· 이번 주말에는 무더위를 식힐 비가 <u>올 것입니다</u>.8) - 단순 미래

### ※ '-겠-'의 쓰임①

※ '-겠-'은 미래 시제 외에 화자의 '추측, 의지9), 가능성' 등의
태도를 표현하기도 한다. 다음 문장에 쓰인 '-겠-'의 의미 기능을 찾아보자.

· 오후에는 비가 오겠다.　　　　　　　(✓추측 / 의지 / 가능성)
· 제가 먼저 발표하겠습니다.　　　　　 (추측 / ✓의지 / 가능성)
· 나도 토픽 2급 문제는 설명할 수 있겠다.　(추측 / 의지 / ✓가능성)

### ※ '-겠-'의 쓰임②

※ '-겠-'은 미래 사건이 아닌 현재 또는 과거 사건을 추측10)하기도 한다.

· 지금 부산에도 비가 <u>오겠다</u>. - 현재 추측
· 따뜻한 남쪽에는 벌써 꽃이 <u>피었겠다</u>. - 과거 추측

③ 방법(2): 미래 시제는 관형사형 어미 '-(으)ㄹ'에 의해서도 나타난다.

· 영화를 보며 <u>먹을</u> 팝콘을 샀다.
· 토픽 6급을 <u>딸</u> 때까지 열심히 노력했다.

---

8) '-(으)ㄹ 것'은 '-(으)ㄹ 거다'로 나타나기도 한다. 즉 "이번 주말에는 무더위를 식힐 비가 올 겁니다."와 같다.
9) '-겠-'이 의지를 나타내는 미래 시제는 문장 종결의 제약이 나타난다. 즉, 평서문에서는 1인칭에만 나타나며, 의문문에서는 2인칭에서만 나타난다.
10) 이 경우, 단순한 추측을 나타낸 것으로 시제의 의미는 별로 나타나지 않는다.

## ❸ 동작상

지금까지 시간 표현의 시제에 대해 알아보았는데, 시제는 사건이 일어난 시간의 특정 지점을 표현한 것이다. 그러나 동작이 일어나는 모습, 즉 발화시를 기준으로 동작이 계속되고 있다거나 이미 끝났음을 나타내는 방법으로 시간을 표현하기도 한다. 이를 '동작상(動作相)'이라 한다.

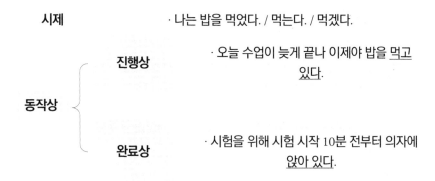

(1) 진행상(進行相)의 이해
　① 정의: 진행상은 시간의 흐름 속에서 동작이 진행 중임을 나타낸다.
　② 방법(1): 보조적 연결 어미 '-고, -아/-어'와 보조 용언 '있다, 가다'가 결합한 '-고 있다'[11], '-아/-어 있다'에 의해 표시된다.

· 우리는 한국어 수업을 <u>듣고 있다</u>. <u>듣고 있었다</u>. <u>듣고 있겠다</u>.
· 비에 젖었던 옷이 햇빛에 <u>말라 간다</u>.
· 올해로 한국에 온 지 벌써 1년 6개월이 <u>되어 간다</u>.

---

11) 진행상의 '-고 있다'는 '먹다, 뛰다, 자다' 등과 같은 동작성의 동사와 결합한다.

## ※ '-고 있다'와 교체

### 1. 동작 동사 + '-는 중이다'(○)

· 우리는 수업을 <u>듣고 있다</u>. → 수업을 <u>듣는 중이다</u>.

### 2. 상태 동사, 동작성의 부정 + '-는 중이다'(×)

· 나는 그녀를 <u>알고 있다</u>. → *나는 그녀를 <u>아는 중이다</u>.
· 철수는 공부를 <u>안 하고 있다</u>. → *철수는 공부를 <u>안 하는 중이다</u>.

③ 방법(2): 두 문장 사이에 연결 어미 '-(으)면서'를 결합시켜 앞 문장의 동작이
　　　　　진행 중에 뒷 문장의 동작이 동시에 일어남을 표현한다.

· 우리는 팝콘을 먹는다.　　　　　· 우리는 영화를 본다.

↓

· 우리는 팝콘을 <u>먹으면서</u> 영화를 본다.

(2) 완료상(完了相)의 이해

　① 정의: 완료상은 시간의 흐름 속에서 동작이 이미 끝났음을 나타낸다.
　② 방법(1): 보조적 연결 어미 '-아/-어'와 보조 용언 '있다, 버리다'가 결합한 '-아
　　　/-어 있다'12), '-아/-어 버리다'13)에 의해 표시된다.

· 공연을 보기 위해 자리에 <u>앉아 있다</u>. <u>앉아 있었다</u>. <u>앉아 있겠다</u>.
· 동생이 과자를 다 <u>먹어 버렸다</u>.

---

12) '-아/-어 있다'는 '앉다, 서다, 피다' 등의 결과성의 동사와 결합하여 동작의 완료를 나타낸다.
13) '-아/-어 버리다'는 '-아/-어 있다'와 달리 화자의 아쉬움(예 과자를 다 먹어 버렸다.)이나 부담감을 덜게 되
　　었음(예 드디어 시험이 끝나 버렸다.)을 나타내기도 한다.

### ※ 그 외의 완료 표현

1. 과거 시제 '-었-'의 현재 완료 표현

· 편의점에 갔다가 집에 돌아왔다.

2. '-아/-어 두다, -아/-어 놓다, -아/-어 내다' 등에 의한 표현

· 내가 그린 그림을 벽에 걸어 두다. / 걸어 놓다.
· 한국에서의 어렵고 힘든 유학 생활을 잘 견뎌 내다.


③ 방법(2): 연결 어미 '-고서, -어서, -다가, -자마자' 등은 앞 문장의 동작이 끝난 후 다음 문장의 동작이 일어남을 표현한다.

· 우리는 숙제를 다 하다.　　　　　· 우리는 게임을 한다.

↓

· 우리는 숙제를 다 하고서 게임을 한다.

# 제3장 문장의 피동·사동 표현

## ■ 능동(能動)과 주동(主動)의 개념

우리는 동일한 장면과 상황을 다양하게 표현할 수 있다. 그러한 표현 중에는 동작이나 행위를 누가 하느냐에 따라 능동 표현과 피동 표현14)이 있다. 그리고 주어가 동작이나 행위를 직접 하느냐, 다른 사람이 하도록 시키느냐에 따라 주동 표현과 사동 표현15)이 있다.

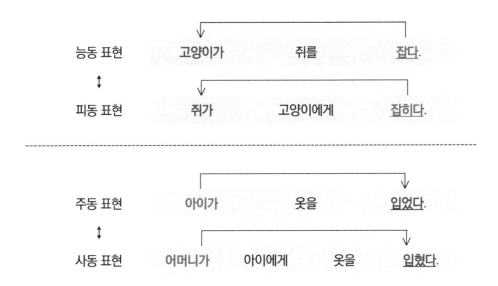

---

14) 능동(能動)은 '주체가 자발적으로 움직이는 동사의 성질'을 나타내며, 피동(被動)은 '주체가 다른 힘에 의하여 움직이는 동사의 성질'을 나타낸다.
15) 주동(主動)은 '주체가 스스로 동작이나 행동을 하는 동사의 성질'을 나타내며, 사동(使動)은 '주체가 제3의 대상에게 동작이나 행동을 하게 하는 동사의 성질'을 나타낸다.

## ② 피동 표현

문장의 주어가 제힘으로 하는 것을 '능동'이라 하고, 이를 나타내는 동사를 '능동사'라 한다. 반면, 문장의 주어가 다른 주체에 의해서 동작을 당하는 것을 '피동'이라 하고, 이를 나타내는 동사를 '피동사'라 한다.

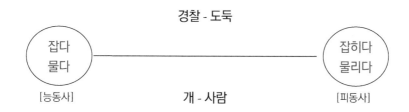

(1) 피동 표현의 방법

① 피동사에 의한 피동문:

능동문이 피동문으로 바뀔 때에는 다음과 같은 문장의 통사 구조에 변화가 일어난다.

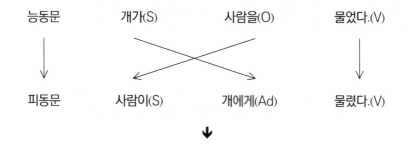

↓

### ※ 능동문 → 피동문의 변형 규칙

1.　　　　능동문의 <u>주어</u>가 피동문의 <u>부사어</u>가 된다.
2.　　　　능동문의 <u>목적어</u>가 피동문의 <u>주어</u>가 된다.
3.　　능동문의 타동사 서술어가 피동문의 <u>피동사로 파생</u>된다.

## ※ 피동사 생성 방법

**1. 규칙: 능동사 어간 + 피동 접미사 '-이-, -히-, -리-, -기-'**
**2. 용례**

> · 보다 : 보+이+다 → 산을 보다. : 산이 보이다.
> · 닫다 : 닫+히+다 → 문을 닫다. : 문이 닫히다.
> · 밀다 : 밀+리+다 → 차를 밀다. : 차가 밀리다.
> · 안다 : 안+기+다 → 아이를 안다. : 아이가 안기다.

② 보조 동사에 의한 피동문:

'어간+보조적 연결 어미+보조 동사'가 결합한 구조의 '-아/-어지다', '-게 되다'에 의한 피동문16)이 생성되기도 한다.

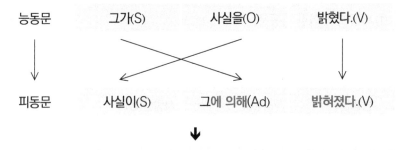

## ※ '-아/-어지다', '-게 되다' 피동의 특징

1.     '-아/-어지다'는 큰 제약 없이 동사, 형용사에도 결합할 수 있다.
2.     '-게 되다'는 동작주를 설정하기 어려워, 탈행동적 피동이라 한다.

---

16) 피동사에 의한 피동문은 '파생적 피동문', 보조 동사에 의한 피동문은 '통사적 피동법'이라고 한다. 한편, 체언+'하다' 구조의 동사에 접사 '-하다' 대신 피동의 의미를 지니는 접사 '-되다, -당하다, -받다' 등을 써서 피동의 의미를 나타낼 수도 있다. 그렇지만 이는 개별적인 어휘의 특성일 뿐 피동법으로 보지 않는다.

· 한국어 발음이 점점 <u>좋아진다</u>.
· 이제는 한국 생활에 <u>익숙해지고 있다</u>.
· 드디어 대학원 입학 2년 6개월 만에 졸업하게 <u>되었다</u>.

### ※ '-아/-어지다'의 띄어쓰기와 이중 피동

**1. 보조 용언은 띄어 씀을 원칙으로 하되, 경우에 따라 붙여 씀도 허용한다.**
그러나 보조 동사 '지다'는 동사, 형용사 뒤에서 '-아/-어지다'의 구성으로 쓰여
항상 붙여 쓴다.

· 고기를 잡다. → *고기가 <u>잡아지다</u>. / 고기가 <u>잡히다</u>.

**2. '-아/-어지다'가 모든 동사와 제약 없이 쓰이나 다 그런 것은 아니다.**

· 고기를 잡다. → *고기가 <u>잡아지다</u>. / 고기가 <u>잡히다</u>.

**3. 피동 접미사 + '-아/-어지다'의 이중 표현을 사용해서는 안 된다.**

· 놓여지다, 닫혀지다, 묻혀지다, 보여지다, 잊혀지다, 잡혀지다[17] 등

(2) 피동 표현의 특징

① 피동문의 부사격 조사:

　　피동문 부사어는 선행하는 명사나 피동사의 성질에 따라 '에, 에게, 에 의해
(서)가 쓰인다.

| 명사 성질 | 무정 명사+에 | / | 유정 명사+에게(한테) |
|---|---|---|---|
| 피동사 성질 | 유/무정⊕동작주 의지 +에 의해(서) | + | 뚫리다, 박히다 등 |

· 고양이가 쥐를 잡다. → 쥐가 고양이에게 잡히다.
· 폭우가 도시를 휩쓸다. → 도시가 폭우에 휩쓸리다.
· 철수가 벽에 구멍을 뚫다. → 구멍이 철수에 의해 뚫리다.

---

17) '사고의 원인을 밝히다', '언론에 사건의 전모를 자세히 밝히다'와 같이 쓰이는 '밝히다'는 '진리, 가치, 옳
고 그름 따위를 판단하여 드러내 알리다.', '드러나지 않거나 알려지지 않은 사실, 내용, 생각 따위를 드
러내 알리다.'를 뜻하는 능동사이다. 따라서 '밝히-' 뒤에 '-어지다'를 붙여 '밝히어지다(밝혀지다)'와 같이
쓸 수 있다(국립국어원 온라인가나다, 2008-02-28).

② 능동사와 피동사의 1:1 비 대응 관계:

능동사에 대응하는 피동사의 파생이 다 적용되지 않는다. 오히려 피동사가 파생되지 않는 것이 훨씬 많다.

· 가방에 책을 넣다. → *책이 가방에 넣이다. / 능동사〇 : 피동사×

예 주다, 받다, 참다, 돕다, 배우다, 바라다, 느끼다 등

③ 능동문과 피동문의 1:1 비 대응 관계:

능동사에 대한 피동사가 존재함에도 불구하고 능동문과 피동문이 대응하지 않는 경우가 있다.

· (능동문〇) 철수가 칭찬을 들었다. → (피동문×) *칭찬이 철수에게 들렸다.
· (능동문×) *바람이 대문을 닫았다. ← (피동문〇) 대문이 바람에 닫혔다.

## ❸ 사동 표현

문장의 주어가 동작을 직접 하는 것을 '주동'이라 하고, 이를 나타내는 동사를 '주동사'라 한다. 반면, 문장의 주어가 남에게 동작을 하도록 시키는 것을 '사동'이라 하고, 이를 나타내는 동사를 '사동사'라 한다.

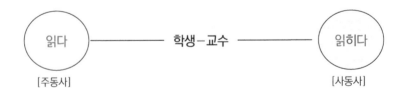

읽다 ———— 학생-교수 ———— 읽히다
[주동사]　　　　　　　　　　　　　　　　　[사동사]

(1) 사동 표현의 방법

① 사동사에 의한 사동문:

주동문이 사동문으로 바뀔 때에는 다음과 같은 문장의 통사 구조에 변화가 일어난다.

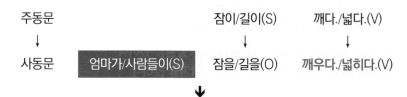

### ※ 주동문(자동사) → 사동문의 변형 규칙①

1.    주동문의 <u>주어</u>가 사동문의 <u>목적어</u>가 된다.

2.    주동문의 자동사 서술어가 사동문의 **사동사**가 된다.

3.    사동문에서는 주동문의 주어와 다른 새로운 주어가 나타난다.

### ※ 주동문(타동사) → 사동문의 변형 규칙②

1.    주동문의 <u>주어</u>가 사동문의 <u>부사어</u>가 된다.

2.    <u>목적어</u>는 변함이 없고, 주동문의 타동사가 사동문의 **사동사**가 된다.

3.    사동문에서는 주동문의 주어와 다른 새로운 주어가 나타난다.

## ※ 사동사 생성 방법

**1. 규칙**: 주동사 어간 + 사동 접미사 '-이-, -히-, -리-, -기-, -우-, -구-, -추'
**2. 용례**

### 자동사/형용사 → 사동사

- 녹다: 녹+이+다 → 얼음이 녹다. : 얼음을 녹이다.
- 높다(a): 높+이+다 → 돌담이 높다. : 돌담을 높이다.
- 앉다: 앉+히+다 → 아기가 앉다. : 아기를 앉히다.
- 밝다(a): 밝+히+다 → 등불이 밝다. : 등불을 밝히다.
- 날다: 날+리+다 → 풍선이 날다. : 풍선을 날리다.
- 붇다(a): 붇+리+다 → 재산이 붇다. : 재산을 불리다.
- 남다: 남+기+다 → 이익이 남다. : 이익을 남기다.
- 깨다: 깨+우18)+다 → 아이가 깨다. : 아이를 깨우다.
- 솟다: 솟+구+치+다 → 물이 솟다. : 물을 솟구치다.
- 맞다: 맞+추+다 → 답이 맞다. : 답을 맞추다.
- 늦다(a): 늦+추+다 → 시간이 늦다. : 시간을 늦추다.

### 타동사 → 사동사

- 먹다: 먹+이+다 → 밥을 먹다. : 밥을 먹이다.
- 입다: 입+히+다 → 옷을 입다. : 옷을 입히다.
- 들다: 들+리+다 → 책을 들다. : 책을 들리다.
- 감다: 감+기+다 → 머리를 감다. : 머리를 감기다.
- 지다: 지+우+다 → 의무를 지다. : 의무를 지우다.
- 안다: 안+기+다 → 짐을 안다. : 짐을 안기다.

---

18) '자다, 타다, 차다' 등은 '자+이+우+다'(=재우다), '타+이+우+다'(=태우다), '차+이+우+다'(=채우다)로 분석되어 두 개의 사동 접미사가 붙은 것으로 볼 수도 있다. 그러나 <표준국어대사전>에서는 '-이우-'를 하나의 사동 접미사로 처리하고 있다.

② 보조 동사에 의한 사동문:

'어간＋보조적 연결 어미＋보조 동사'가 결합한 '-게 하다'에 의한 사동문[19]
이 생성되기도 한다.

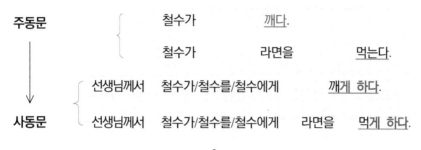

## ※ '-게 되다' 사동의 특징

1.    사동사에 의한 사동문에서는 주어가 바뀌지만, '-게 하다'에서는
유지된다.

2.    '-게 하다' 사동문에서는 주동문의 주어가 목적어, 부사어가 되기도
한다.


(2) 사동 표현의 특징

  ① 주동사와 사동사의 1:1 비 대응 관계:

    모든 주동사에 대해 사동사가 대응하지는 않는다.

      **(흙이) 묻다 – 묻히다**    /    **(항아리를) 묻다 – *묻히다**


  ② 주동문과 사동문의 1:1 비 대응 관계:

    주동문과 사동문 사이에는 일정한 대응 관계가 나타난다. 그렇다고 해서

---

19) 서술어 어간에 접미사 '-시키다'가 붙어 사동의 의미를 나타내기도 한다. 그러나 피동의 '-되다, -당하다,
-받다'를 피동법으로 다루지 않듯 이 역시 사동법의 문법 범주로 다루지 않는다.

모든 사동문에 대응하는 주동문이 성립하지는 않는다.

선생님이 학생들에게 고기를 <u>먹이다</u>. → 학생들이 고기를 <u>먹다</u>.

동생은 시골에서 돼지를 <u>먹이다</u>[20]. → 주동문 성립 ×

③ 두 사동문의 의미 차이:

사동사에 의한 사동문과 '-게 하다' 사동문은 주어의 직접적 행위와 간접적 행위를 나타냄에 있어 차이가 나타난다.

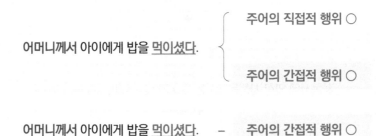

어머니께서 아이에게 밥을 <u>먹이셨다</u>. — 주어의 간접적 행위 ○

### ※ 두 사동문의 통사적 특징 비교

| 구분 | 사동사 사동문 | '-게 하다' 사동문 |
|---|---|---|
| 높임 대상 | 주어 | 주어, 사동 대상 |
| | 어머니께서 – 먹이셨다 | 어머니께서 – 먹게 하셨다<br>어머니께 옷을 입으시게 하였다. |
| 부사 수식 | 주어 행위 | 사동 대상 행위 |
| | 어머니께서 **빨리** 먹이셨다. | 아이에게 **빨리** 먹게 하셨다. |

---

20) '사육하다'는 의미의 사동사 '먹이다'는 주동사 '먹다'와 의미 영역이 달라 주동문이 성립할 수 없다.

# 4 피동사와 사동사의 형태

능동사에 대응하는 피동사와 주동사에 대응하는 사동사의 형태는 각각 다를 수도 있으며 같을 수도 있다. 특히, 접미사 '-이-, -히-, -리-, -기-'는 피동과 사동의 접미사로 공통적으로 쓰여, 피동사와 사동사의 형태가 동일할 수 있다.

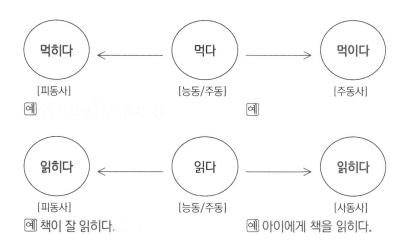

(1) 피동사와 사동사의 구별

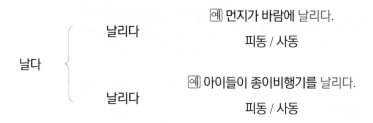

| 뜯다 | 뜯기다 | 예 시험지가 뜯겼다.<br><br>피동 / 사동 |
| | 뜯기다 | 예 아이들에게 갈비를 뜯겼다.<br><br>피동 / 사동 |
| 보다 | 보이다 | 예 구름 사이로 남산이 보였다.<br><br>피동 / 사동 |
| | 보이다 | 예 친구가 나에게 사진을 보였다.<br><br>피동 / 사동 |
| 안다 | 안기다 | 예 어린아이가 할머니 품에 안겼다.<br><br>피동 / 사동 |
| | 안기다 | 예 할머니 품에 어린아이를 안겼다.<br><br>피동 / 사동 |
| 울다 | 울리다 | 예 수업 종료의 종이 울렸다.<br><br>피동 / 사동 |
| | 울리다 | 예 형이 종(동생)을 울렸다.<br><br>피동 / 사동 |
| 업다 | 업히다 | 예 아이가 엄마 등에 업혔다.<br><br>피동 / 사동 |
| | 업히다 | 예 아이를 엄마 등에 업혔다.<br><br>피동 / 사동 |

| 물다 | — | 물리다 | 예 모기에 코를 물렸다. | 피동 / 사동 |

예 그는 새로 산 책을 모두 물렸다.

| 무르다 | — | 물리다 |

피동 / 사동

예 그는 호랑이 선생님으로 불렸다.

| 부르다 | — | 불리다 |

피동 / 사동

예 그녀는 학생에게 피리를 불렸다.

| 불다 | — | 불리다 |

피동 / 사동

예 철수는 주식으로 재산을 불렸다.

| 붇다 | — | 불리다 |

피동 / 사동

(2) 피동사와 사동사의 쓰임

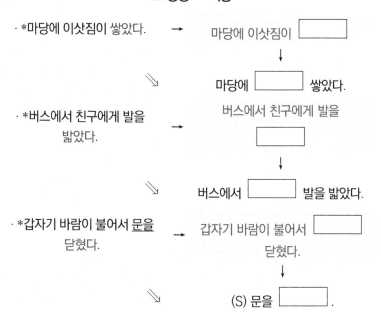

※ 능동 ⇌ 피동

· *마당에 이삿짐이 쌓았다. → 마당에 이삿짐이 □□□

↓

마당에 □□□ 쌓았다.

· *버스에서 친구에게 발을 밟았다. → 버스에서 친구에게 발을 □□□

↓

버스에서 □□□ 발을 밟았다.

· *갑자기 바람이 불어서 문을 닫혔다. → 갑자기 바람이 불어서 □□□ 닫혔다.

↓

(S) 문을 □□□ .

## ※ 주동 ⇄ 사동

· *운동장에서 새를 힘껏
　날았다. → 운동장에서 새를 힘껏 ☐

↓

운동장에서 ☐ 힘껏
날았다.

· *퇴근한 남편이 자는 아이를
　깼다. → 퇴근한 남편이 자는 아이를
☐

↓

자는 ☐ 깼다.

· *손님이 적어서 <u>음식이</u> 많이
　남겼다. → 손님이 적어서 ☐ 많이
남겼다.

↓

음식이 많이 ☐ .

# 제4장 문장의 부정 표현

## ▮ 긍정(문)과 부정(문), 부정 표현

'긍정(肯定)'은 그러하다고 생각하여 옳다고 인정하는 것이고, 긍정의 뜻을 나타내는 문장을 '긍정문(肯定文)'이라 한다. 반면, '부정(否定)'은 그렇지 아니하다고 단정하거나 옳지 아니하다고 반대하는 것으로, 부정의 뜻을 나타내는 문장을 '부정문(否定文)'이라 한다.

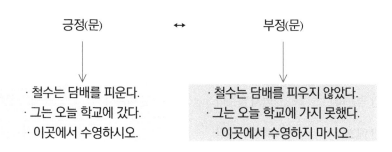

(1) 부정 표현의 정의

부정 표현은 문장의 내용, 의미를 부정하는 문법 기능[21]이다. 즉, 긍정문에 부정을 나타내는 말을 써서 내용 전체 또는 일부를 부정하는 표현이다. 이를 실현한 문장이 부정문이다.

---

21) 부정의 문법 형태소(안, 못)에 의한 문부정(文否定)과 달리 '비(非)-', 불(不)' 등의 부정접두사나 '모르다, 없다' 등의 어휘에 의한 부정은 어휘적 부정이라 하여, 문법 범주로 다루지 않는다.

(2) 부정문의 종류

한국어의 부정은 부정 부사 '안'과 '못'이나 보조 용언 '-지 않다(아니하다)', '-지 못하다'를 사용해 표현하는 것이 일반적이다. 이 외에 명령문, 청유문의 부정 표현 방법22)이 있다.

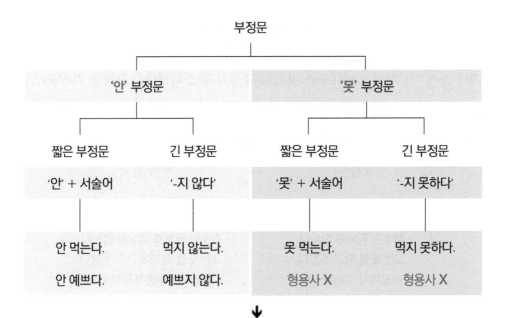

---

22) 명령문과 청유문에서는 긴 부정문의 '-지 마/마라, '-지 말자'로 나타난다.

### ※ '안' 부정과 '못' 부정의 의미 차이

**1.** '안' 부정은 단순한 사실의 부정이나 의지 부정의 의미를 나타낸다.

· 오늘은 <u>안</u> 덥다.   단순 부정   · 나는 학교에 <u>안</u> 갔다.   의지 부정

**2.** '못' 부정은 의지와 상관없이 상황에 의한 능력 부정의 의미를 나타낸다.

· 나는 아파서 학교에 <u>못</u> 갔다.   능력 부정

## ② '안' 부정문과 '못' 부정문

부정 부사 '안'이나 보조 용언 '-지 않다(아니하다)'에 의한 '안' 부정문과 부정 부사 '못'이나 보조 용언 '-지 못하다'에 의한 '못' 부정문은 문법적 부정 표현이라는 공통점을 지닌다. 그러나 '단순/의지' 부정 표현과 '능력' 부정 표현이라는 의미 차이점을 고려하여 문맥에 맞게 사용해야 한다. 그 외 다음과 같은 특징을 지닌다.

(1) 공통점
　　① 부정 표현의 방법: 짧은 부정문과 긴 부정문이 나타난다.

　　　'안'　짧은　　　나는 한국어 공부를 <u>안</u> 했다.
　　　'못'　부정문
　　　　　　　　　　　나는 한국어 공부를 <u>못</u> 했다.

'안' 긴
'못' 부정문 {
나는 한국어 공부를 하지 <u>않았다.</u>

나는 한국어 공부를 하지 <u>못했다.</u>
}

② 문장 종결에 따른 부정 표현: 평서문, 의문문, 감탄문에서만 나타난다.

'안'
'못'

평서문 → {
날씨가 <u>안</u> 덥다. (덥지 않다.)
그는 <u>못</u> 온다. (오지 못한다.)
}

의문문 → {
날씨가 <u>안</u> 덥느냐? (덥지 않느냐?)
그는 <u>못</u> 오느냐? (오지 못하느냐?)
}

감탄문 → {
날씨가 <u>안</u> 덥구나! (덥지 않구나!)
그는 <u>못</u> 오는구나! (오지 못하는구나!)
}

③ 서술어와 시제 선어말 어미 결합에 따른 제약:

긴 부정문보다 짧은 부정문의 사용에 제약이 많이 나타난다.

**1. 서술어가 합성어나 파생어인 경우, 긴 부정문이 자연스럽다.**

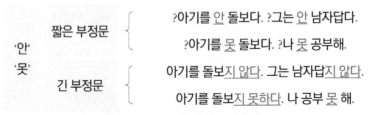

'안'
'못'

짧은 부정문 {
?아기를 <u>안</u> 돌보다. ?그는 <u>안</u> 남자답다.
?아기를 <u>못</u> 돌보다. ?나 <u>못</u> 공부해.
}

긴 부정문 {
아기를 돌보지 <u>않다</u>. 그는 남자답지 <u>않다</u>.
아기를 돌보지 <u>못하다</u>. 나 공부 <u>못</u> 해.
}

**2. 긴 부정문에서 시제 선어말 어미는 보조 용언에 붙는다.**

'안'
'못'

긴 부정문 {
그는 학교에 가지 <u>않았다</u>. / <u>않겠다</u>. / <u>않더냐</u>?
그는 학교에 가지 <u>못했다</u>. / <u>못하겠다</u>. / <u>못하더라</u>.
}

(2) 차이점

① 서술어의 품사 차이:

'안' 부정문은 서술어로 동사[23], 형용사를 모두 취하는 반면 '못' 부정문은 동사만 취하는 것이 일반적이다.

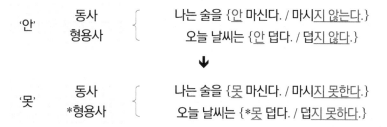

1. '못' 부정문은 의미상 충돌이 일어나는 '고민하다, 걱정하다, 후회하다, 실패하다' 등의 일부 동사를 취할 수 없다.

　　*일부 동사　　　*나는 결혼을 {못 고민하다./ 고민하지 못하다.}

2. '못' 부정문은 형용사를 서술어로 취할 수 없지만, 기대에 미치지 못함을 아쉬워할 때는 긴 부정문이 가능[24]하다.

　　형용사　　　　　　　　강의실이 넓지 못하다.

3. '못' 부정문은 의도 및 목적 연결 어미와 결합할 수 없다.

　　'-려고　　　　　　　*학교에 못 가려고 아픈 척했다.
　　-려'　　　　　　　　*점심을 못 먹으러 식당에 안 갔다.

② 명사문의 부정 표현:
　　서술어가 '체언＋이다'인 문장의 부정 표현은 '이/가 아니다'로 나타난다.

　　·　　나는 학생이다.　　⟶　　　나는 학생이 아니다.

---

23) '안' 부정문이 모든 동사와 결합할 수 있는 것은 아니다. '견디다'는 긍정적 의지를 나타내는 동사이고, '알다, 깨닫다' 등은 의지 표현과 관계가 없기에 '안' 부정문을 사용할 수 없다.

24) '못' 부정문과 결합할 수 있는 몇몇 형용사에는 '넉넉하다, 우수하다, 만족하다, 풍부하다' 등이 있다. 이들은 '넉넉하지 못하다, 우수하지 못하다. 만족하지 못하다, 풍부하지 못하다'의 긴 부정문 형태를 띤다.

## 3 '말다' 부정문

'안'과 '못' 부정문은 평서문, 의문문, 감탄문에만 나타난다. 그리고 명령문과 청유문의 부정 표현은 보조 용언 '말다'를 사용하는데, 이를 '말다' 부정문이라 한다.

(1) '말다' 부정의 형태
  ① 명령문의 부정:
    명령문의 부정 형태는 보조적 연결 어미 '-지'에 보조 용언 '말다'를 결합한 '-지 마/마라'를 사용한다.

> · 너는 술을 마셔라. → 너는 술을 마시<u>지 마</u>./<u>마라</u>.

  ② 청유문의 부정:
    청유문의 부정 형태는 보조적 연결 어미 '-지'에 보조 용언 '말다'를 결합한 '-말자'를 사용한다.

> · 우리는 철수와 이야기하자. → 우리는 철수와 이야기하<u>지 말자</u>.

(2) '말다' 부정의 예외적 특징
  ① 평서문의 부정 가능:
    '바람'이나 '희망'의 의미를 지니는 동사의 경우, 평서문의 부정[25]에 나타날 수도 있다.

> · 나는 네가 토픽 6급에 떨어지<u>지 말기</u>를 바란다(희망한다, 기대한다 …).

  ② 형용사의 부정 가능:

---

25) "나는 네가 토픽 6급에 떨어지지 않기를 바란다."처럼 '안' 부정문도 사용 가능하다.

형용사는 명령문과 청유문의 서술어가 될 수 없기에 원칙적으로 '말다'에
의한 부정 표현이 쓰이지 않는다. 다만, 기원의 의미를 나타내는 문장에서는
쓰일 수 있다.

· 올 여름에는 제발 날씨가 무덥지 말았으면 좋겠다.


## 4 부정의 범위와 중의성

'안'과 '못'은 '단순/의지'와 '능력' 부정의 의미 차이가 있다. 그리고 이들은 부정의
범위에 따라 한 문장의 의미가 다양해질 수 있는데, 이를 중의성(重義性)이라 한다.
부정문의 중의성 양상과 그 해소 방법에 대해 알아보자.


(1) 부정문의 중의성 양상
① '체언+이/가 아니다' 부정문:
두 자리 서술어로, 두 가지 의미 해석이 된다.

| | |
|---|---|
| 그는 학생이<br>아니다. | 그가 학생이 아닌 다른 부류에 속한다는 의미 |
| | 그가 아닌 다른 사람이 학생이라는 의미 |


② '안'/'못' 부정문:
긴 부정문과 짧은 부정문 모두에서 두 가지 이상의 의미 해석이 가능하다.

| '안' | 짧은 부정문 | 긴 부정문 |
|---|---|---|
| | 나는 친구를 안 때렸다. | 나는 친구를 때리지 않았다. |

↓

1. 친구를 때린 것은 내가 아니다.
2. 내가 때린 사람은 친구가 아니다.
3. 내가 친구를 때린 것은 아니다.

| '못' | 짧은 부정문 | 긴 부정문 |
|------|------------|-----------|
| | 나는 친구를 <u>못</u> 만났다. | 나는 친구를 만나<u>지 못했다</u>. |

1. 친구를 만나지 못한 것은 나다.
2. 내가 못 만난 사람은 친구이다.
3. 내가 친구를 만나지만 못했을 뿐이다.

③ '정도/수량' 부사26)가 쓰인 부정문:

전체 부정과 부분 부정의 두 가지 의미 해석이 가능하다.

| '안' '못' | 짧은 부정문 | 오늘은 학생이 <u>다</u> 안 왔다. |
|-----------|-----------|-------------------------------|
| | | 오늘은 학생이 <u>다</u> 못 왔다. |

| '안' '못' | 긴 부정문 | 오늘은 학생이 <u>다</u> 오<u>지 않았다.</u> |
|-----------|----------|-------------------------------------|
| | | 오늘은 학생이 <u>다</u> 오<u>지 못했다.</u> |

1. `전체 부정`  학생이 온 사람이 하나도 없다.
2. `부분 부정`  학생이 오기는 왔는데, 다 온 것은 아니다.

---

26) '다, 모두, 많이, 조금' 등의 부사가 해당한다.

(2) 중의성 해소 방안

부정의 범위(주어, 목적어, 서술어)에 따라 발생하는 문장의 중의성은 발화시 강세를 주거나 보조사를 붙임으로써 해소할 수 있다.

① 강세 활용:

부정의 대상에 강세를 주어 발화함으로써 중의성을 해소할 수 있다.

나는 친구를 안 때렸다.
1    2      3

| | |
|---|---|
| 강세1. | 다른 사람이 친구를 때렸지, 나는 때리지 않았다. |
| 강세2. | 나는 다른 사람을 때렸지, 친구는 때리지 않았다. |
| 강세3. | 나는 친구를 밀었거나 넘어뜨렸지 때리지 않았다. |

② 보조사 활용:

'안' 부정문과 '못' 부정문의 긴 부정문의 경우, 보조적 연결 어미 '-지' 뒤에 보조사를 붙이면 서술어만 부정하여 중의성을 해소할 수 있다.

| | |
|---|---|
| . 나는 그를 때리지는 않았다. | 그에게 어떤 행동을 했지만 때린 것은 아니다. |
| . 학생이 다 오지는 않았다. | 몇 사람만 왔다. (부분 부정) |

| | |
|---|---|
| . 나는 그를 만나지는 못했다. | 그와 연락을 취했지만 만난 것은 아니다. |
| . 학생이 다 오지는 못했다. | 몇 사람만 왔다. (부분 부정) |

# 제Ⅷ부 의미론

# 제1장 언어와 의미

## ▪ 언어의 구조

제 I 부 '총론'에서, 언어는 의사소통의 수단이라고 정의 내렸다. 따라서 아래와 같은 '의사소통'의 과정을 생각해보면 언어의 구조를 이해할 수 있을 것이다.

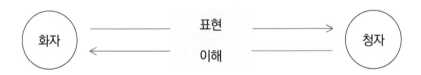

(1) 의사소통과 의미

화자는 자신의 생각이나 느낌을 '말소리' 형식에 담아 표현한다. 그러면 청자는 그 음성에 실린 화자의 생각이나 느낌, 즉 '의미' 내용을 이해하는 과정을 거치게 된다. 따라서 언어의 구조는 다음과 같이 시각화할 수 있다.

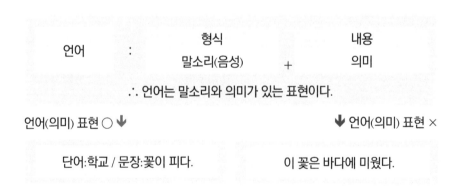

(2) 의미의 연구 분야

언어 구조의 한 요소인 의미에 관한 과학적 연구 분야를 의미론(意味論)이라 한다. 의미론의 연구 대상인 의미는 의사소통의 중요한 부분임에도 불구하고 직접 관찰할 수 없는 심리적 현상으로 취급하였다. 이러한 이유로 언어학의 다른 분야(음성, 음운, 문법 등)에 비해 그 연구가 가장 늦었다.

① '의미'의 이해 과정:

여러 언어 단위 중, '단어-문장-담화'의 의미를 이해할 수 있어야 정확한 의사소통이 가능하다. 이 각각의 의미 연구 분야에 따라 의미론의 영역을 구분할 수 있다.

예                          너 지금 뭐 하니?

② '의미'의 이해 과정 분석:

"너 지금 뭐 하니?"라는 말의 의미 해석 과정은 다음과 같다.

| | | |
|---|---|---|
| 1. | 단어 의미 이해 | : '너, 지금, 뭐, 하니?'의 개별 단어 의미 이해 |

↓

| | | |
|---|---|---|
| 2. | 문장 의미 이해 | : 화자가 청자에게 질문하는 장면의 문장 의미 이해 |

↓

| | | |
|---|---|---|
| 3. | 담화 의미 이해 | : 친구인 화자가 청자가 하는 일을 물어보는 담화 상황인지, 엄마가 시험을 앞두고 게임을 하는 아들에게 하는 담화 상황인지에 따른 의미 이해 |

↓

의미론 분야     1. 어휘 의미론     2. 문장 의미론     3. 담화 의미론

## ② 의미의 의미

의미론의 연구 대상인 '의미'는 무엇이며, '의미의 의미'는 무엇인가?를 규명하기는 쉽지 않다. 그러나 의미의 본질을 파악하기 위한 언어학자들의 노력으로 개별 의미 이론으로 발전하고 있다.

(1) 지시설과 개념설

① 지시설의 의미:

지시설에서는 언어 표현의 말소리가 실제 사물을 가리키는 것으로 본다. 이때, 말소리가 지시하는 구체적 대상물이 '의미'이다.

? 지시 대상이 없는 단어 '사랑, 예쁘다, 매우, 또' 등은 의미가 없다.

② 개념설의 의미:

개념설에서는 언어 표현과 지시물을 직접 연결하는 지시설의 한계를 극복하기 위해 표현과 지시물을 '개념'으로 연결한다. 이때, 그 말이 나타내는 '개념'이 의미인 것이다.

### 소쉬르(1915)

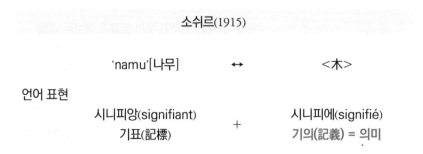

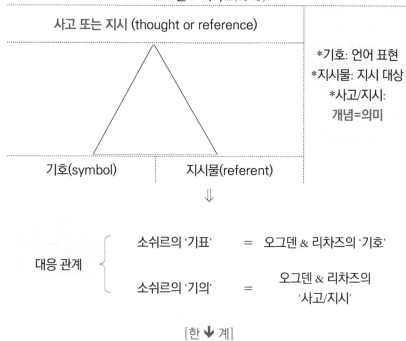

오그덴 & 리차즈(1923)

사고 또는 지시 (thought or reference)

*기호: 언어 표현
*지시물: 지시 대상
*사고/지시:
　개념=의미

기호(symbol)　　　지시물(referent)

⇓

대응 관계 { 소쉬르의 '기표'　=　오그덴 & 리차즈의 '기호'

소쉬르의 '기의'　=　오그덴 & 리차즈의
　　　　　　　　　　　　'사고/지시'

[한 ⬇ 계]

? '개념'은 추상적인 생각이다. 따라서 어떤 언어 표현에 대한 모든
사람들의 '개념'이 같을 수는 없다.

[해결 ⬇ 방안]

개개인이 떠올리는 개별적 특징은 배제하고 그 대상의 공통적 특질만 추려낸다. 예를 들어, 실제 대상인 '개'는 크기, 색깔, 형태 등에서 다 다르다. 그런데 우리가 서로 다른 '개'를 보게 되면, 우리의 머릿속에는 서로 다른 실체의 모든 '개'가 기억되는 것이 아니라, 모든 '개'의 공통적 특질만이 추려져 기억되는데, 이를 '개념'이라 한다.

(2) 행동설과 용법설

① 행동설의 의미:

행동주의 이론에 따라, 구체적 발화 상황에 나타나는 화자의 자극[S]과 청자의 반응[R]을 언어의 의미로 보는 관점이다.

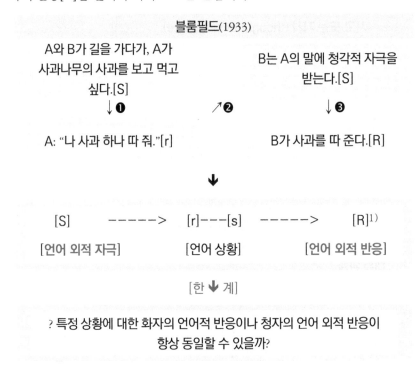

블룸필드(1933)

A와 B가 길을 가다가, A가
사과나무의 사과를 보고 먹고
싶다.[S]
↓❶

A: "나 사과 하나 따 줘."[r]

B는 A의 말에 청각적 자극을
받는다.[S]
↓❸

↗❷

B가 사과를 따 준다.[R]

↓

[S]　　-----> 　[r]---[s] 　-----> 　[R]¹⁾

[언어 외적 자극]　　　　[언어 상황]　　　　[언어 외적 반응]

[한 ↓ 계]

? 특정 상황에 대한 화자의 언어적 반응이나 청자의 언어 외적 반응이
항상 동일할 수 있을까?

② 용법설의 의미:

　용법설은 비트겐슈타인(1953)의 이론이다. 단어는 일정한 의미를 갖지 않고 구체적 맥락에서의 용법이 단어의 의미라고 본다.²⁾이는 아래의 예시처럼 현재 국어사전의 의미 기술 방식이기도 하다.

---

1) 행동설은 의미를 추상적 '개념'으로 파악하는 이전의 심리주의적 태도에서 벗어난 이론이다. 특히, 언어
　표현의 구체적 상황을 중심으로 의미 분석을 시도했다는 점에서 그 의의가 크다.
2) 어떤 단어의 의미를 안다는 것이 실제 문맥 상황에서 어떻게 쓰였는가를 이해하는 것이라면 용법설은 분
　명 설득력을 갖춘 의미 이론이 될 수 있다. 또한 언어 사용적 측면을 강조하는 만큼 기존 의미 이론이 설
　명하지 못하는 부분을 설명할 수 있는 가능성도 존재한다(김진호, 2019:158).

보다¹ 동사

I.「…을」 1. 눈으로 대상의 존재나 형태적 특징을 알다. 2. 눈으로 대상을 즐기거나 감상하다. 3. 책이나 신문 따위를 읽다. 4. 대상의 내용이나 상태를 알기 위하여 살피다. 5. 일정한 목적 아래 만나다. 6. 맡아서 보살피거나 지키다. 7. 상대편의 형편 따위를 헤아리다. 8. 점 따위로 운수를 알아보다. 9. (('시험'을 뜻하는 목적어와 함께 쓰여)) 자신의 실력이 나타나도록 치르다. 10. 어떤 일을 맡아 하다. 11. 어떤 결과나 관계를 맺기에 이르다. 12. 음식상이나 잠자리 따위를 채비하다. 13. (완곡한 표현으로) 대소변을 누다. 14. 어떤 관계의 사람을 얻거나 맞다. 15. 부도덕한 이성 관계를 갖다. 16. 어떤 일을 당하거나 겪거나 얻어 가지다. 17. 의사가 환자를 진찰하다. 18. 신문, 잡지 따위를 구독하다. 19. 음식 맛이나 간을 알기 위하여 시험 삼아 조금 먹다. 20. 남의 결점 따위를 들추어 말하다. 21. 남의 결점이나 약점 따위를 발견하다. 22. 기회, 때, 시기 따위를 살피다. 23. 땅, 집, 물건 따위를 사기 위하여 살피다. 24. (('장' 또는 '시장'과 같은 목적어와 함께 쓰여)) 물건을 팔거나 사다. 25. ((주로 '보고' 꼴로 쓰여)) 고려의 대상이나 판단의 기초로 삼다. 26. ((주로 '보고' 꼴로 쓰여)) 무엇을 바라거나 의지하다.

II.「(…과), …을」('…과'가 나타나지 않을 때는 여럿임을 뜻하는 말이 주어로 온다) 1. 사람을 만나다.

III.「…을 …으로, …을 –게, …을 –고, …으로, -고」('…으로'나 '-게' 대신에 평가를 뜻하는 다른 부사어가 쓰이기도 한다) 1. 대상을 평가하다.

보조 동사

1. ((동사 뒤에서 '-어 보다' 구성으로 쓰여)) 어떤 행동을 시험 삼아 함을 나타내는 말. 2. ((동사 뒤에서 '-어 보다' 구성으로 쓰여)) 어떤 일을 경험함을 나타내는 말. 3. ((동사 뒤에서 '-고 보니', '-고 보면' 구성으로 쓰여)) 앞말이 뜻하는 행동을 하고 난 후에 뒷말이 뜻하는 사실을 새로 깨닫게 되거나, 뒷말이 뜻하는 상태로 됨을 나타내는 말. 4. ((동사 뒤에서 '-다(가) 보니', '-다(가) 보면' 구성으로 쓰여)) 앞말이 뜻하는 행동을 하는 과정에서 뒷말이 뜻하는 사실을 새로 깨닫게 되거나, 뒷말이 뜻하는 상태로 됨을 나타내는 말.

**보조 형용사**

1. ((동사나 형용사, '이다' 뒤에서 '-은가/는가/나 보다' 구성으로 쓰여)) 앞말이 뜻하는 행동이나 상태를 추측하거나 어렴풋이 인식하고 있음을 나타내는 말. 2. ((동사 뒤에서 '-을까 보다' 구성으로 쓰여)) 앞말이 뜻하는 행동을 할 의도를 가지고 있음을 나타내는 말. 3. ((동사나 형용사, '이다' 뒤에서 '-을까 봐', '-을까 봐서' 구성으로 쓰여)) 앞말이 뜻하는 상황이 될 것 같아 걱정하거나 두려워함을 나타내는 말. 4. ((형용사나 '이다' 뒤에서 '-다 보니', '-고 보니' 구성으로 쓰여)) 앞말이 뜻하는 상황이나 상태가 다른 것보다 우선임을 나타내는 말. 5. ((형용사나 '이다' 뒤에서 '-다 보니', '-고 보니' 구성으로 쓰여)) 앞말이 뜻하는 상태가 뒷말의 이유나 원인이 됨을 나타내는 말.

[한 ⬇ 계]

? 단어의 용법이 추가할 때마다 그 단어의 의미를 무한정 기술할 것 인가?
의미를 안다는 것이 어느 범위까지의 용법을 안다는 것일까?

## ※ 현대 의미론의 '의미'의 개념

1. 의미의 본질 파악을 위한 '지시설', '개념설', '행동설', '용법설' 등은 각각 일정한 의의와 한계가 존재한다. 따라서 어느 한 이론만으로는 현대 의미론의 '의미'의 본질을 파악할 수 없다.

2.     먼저, 사람들의 머릿속에는 언어 표현의 '개념'이 기억되어 있어 이를 바탕으로 의사소통을 한다.

3.     다음으로, 언어 표현의 중심 개념은 구체적 맥락 상황을 통해 다양한 의미적 '용법'으로 확장된다.

## ③ 의미의 유형

'② 의미의 의미'에서 '의미'의 본질 파악을 위해 여러 의미 이론을 살펴보았다. 의미에 대한 이러한 관점의 차이는 의미의 유형 분류에도 영향을 끼쳤는데, 가장 보편적인 분류는 리치(1974)의 7가지 의미 유형이다.

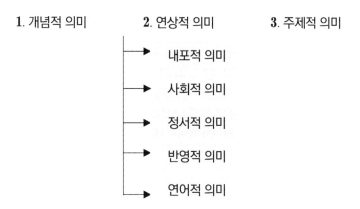

(1) 개념적 의미

① 정의: 개념적 의미는 단어의 가장 기본적이고 객관적인 의미로, 한 언어 사회의 구성원들이 상황에 관계 없이 공통적으로 인식하는 의미이다.

② 특징: 개념적 의미는 사전의 기술 방식과 같아 '사전적 의미'라고도 한다. 또한 '외연적 의미'3), '기본적 의미'으로도 불린다.

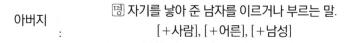

(2) 연상적 의미

① 정의: 연상적 의미는 언어 표현에 대한 연상이나 반응, 어감에 의해 형성된 의미로, 개인적 경험에 따라 달라지는 가변적 의미이다.

---

3) 외연적(外延的) 의미는 "한 낱말이 어떤 특정한 문맥 속에서 갖는 사전적 의미"이다.

② 특징: 연상적 의미는 개념적 의미에 덧붙어서 다양한 정서적 반응으로 나
타나, 이를 '함축적 의미'라고도 한다.

③ 종류: 연상적 의미의 하위분류는 다음과 같다.

**내포적 의미**  내포적 의미는 모든 사람들이 공통적으로 인식하는 개념적
의미(1)에 추가적(2~8)으로 나타나는 의미이다.

> **아버지** 명 **1. 자기를 낳아 준 남자를 이르거나 부르는 말.**
> 2. 자녀를 둔 남자를 자식에 대한 관계로 이르거나 부르는 말. 3. 자녀의 이
> 름 뒤에 붙여, 자기 남편을 이르거나 부르는 말. 4. 자기를 낳아 준 남자처럼
> 삼은 이를 이르거나 부르는 말. 5. 자기의 아버지와 나이가 비슷한 남자를 친
> 근하게 이르거나 부르는 말. 6. 시조부모 앞에서 시아버지를 이르거나 부르
> 는 말. 7. 어떤 일을 처음 이루거나 완성한 사람을 비유적으로 이르는 말. 8.
> 기독교에서, '하나님'을 친근하게 이르거나 부르는 말.

**사회적 의미**  사회적 의미는 사회적 환경을 드러내는 '연령, 성별, 직업,
종교, 지위' 등의 다름으로 인해 나타나는 의미[4]이다.

아빠        :        아버지        :        아버님

**감정적 의미**  감정적 의미는 화자의 개인적 감정이나 태도, 즉 정서적인
요소에 의해 나타나는 의미이다. 주로 소리의 고저, 강세,
길이, 억양 등에 실려 나타난다.

오늘 날씨가 아주~ 좋~다.        한국어를 정말~ 잘~한다.

---

4) 이와 같이 사회적 의미는 화자와 청자의 사회적 차원(dimension)과 층위(level)가 다름으로 해서 나타나는
의미이기 때문에 달리 문체적 의미(stylistic meaning)라고도 한다(윤평현, 2008: 54).

반사적 의미 　반사적 의미는 언어 표현의 개념적 의미 중 어느 하나가 해
　　　　　　　당 표현과 전혀 다른 뜻의 반응을 일으키면서 나타나는 의
　　　　　　　미이다.

노숙자(盧叔子)　　　　　　　여인숙(旅人宿)
　　　　　　　　　　　　　　　　　　　│
노숙자(露宿者)로 이해　　　　여인숙(女人宿)으로 이해

배열적 의미 　배열적 의미는 한 언어 표현이 함께 배열된 다른 단어의 영
　　　　　　　향으로 나타나는 의미이다.

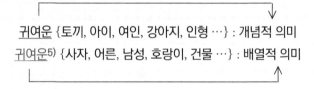

귀여운 {토끼, 아이, 여인, 강아지, 인형 …} : 개념적 의미
귀여운5) {사자, 어른, 남성, 호랑이, 건물 …} : 배열적 의미

(3) 주제적 의미
　① 정의: 주제적 의미는 화자의 표현 의도에 따라 달라지는 의미이다.
　② 특징: 주제적 의미는 어순이나 강조, 초점을 다르게 하여 화자의 특별한 의미
　　　를 드러낼 수 있다.

　　　　　　　　　　　　　나는 영희를 좋아한다.
　　대상 강조　　　　　　영희를 나는 좋아한다.
　　행위 강조　　　　　　좋아한다 나는 영희를.

---

5) 이때의 '귀엽다'는 "예쁘고 곱거나 또는 애교가 있어서 사랑스럽다."는 개념적 의미를 벗어나 있기 때문에
　자연스럽지 못한 느낌을 받는다. 또한 배열적 의미는 유의어의 구별에 유용한 기준이 되는데, 각각의 유
　의어와 결합할 수 있는 단어를 살펴보면 서로 다른 점이 나타난다.

## ※ 중심적 의미와 주변적 의미

1. 한 단어가 여러 가지 의미로 쓰일 때, 그중에서 가장 기본적이고 핵심적인 의미를 '중심적 의미'라 한다.

· 다리 명

사람이나 동물의 몸통 아래 붙어 있는 신체의 부분. 서고 걷고 뛰는 일 따위를 맡아 한다. 예 다리를 다치다. 사람은 팔과 다리가 각각 두 개씩 있다.

2. 중심적 의미가 문맥이나 상황에 따라 다른 의미로 확장되어 쓰이는 것을 '주변적 의미'라 한다.

· 다리 명

물체의 아래쪽에 붙어서 그 물체를 받치거나 직접 땅에 닿지 아니하게 하거나 높이 있도록 버티어 놓은 부분. 예 의자 다리가 부러졌다.

[사전의 용례]

· 다리$^1$ 몡

**1.** 물체의 아래쪽에 붙어서 그 물체를 받치거나 직접 땅에 닿지 아니하게
하거나 높이 있도록 버티어 놓은 부분.
**2.** 물체의 아래쪽에 붙어서 그 물체를 받치거나 직접 땅에 닿지 아니하게
하거나 높이 있도록 버티어 놓은 부분.
**3.** 오징어나 문어 따위의 동물의 머리에 여러 개 달려 있어, 헤엄을 치거나
먹이를 잡거나 촉각을 가지는 기관.
**4.** 안경의 테에 붙어서 귀에 걸게 된 부분.


· 다리$^2$ 몡

**1.** 물을 건너거나 또는 한편의 높은 곳에서 다른 편의 높은 곳으로 건너다닐
수 있도록 만든 시설물.
**2.** 둘 사이의 관계를 이어 주는 사람이나 사물을 비유적으로 이르는 말.
**3.** 중간에 거쳐야 할 단계나 과정.
**4.** 지위의 등급.

| 다의어 | 중심적 의미 | 다리$^1$, 다리$^2$의 의미 **1** |
| --- | --- | --- |
| | 주변적 의미 | 다리$^1$, 다리$^2$의 의미 **2~4** |

# 제2장 어휘/문장 의미론

## ▣ 어휘 체계와 의미 관계

어휘는 단어의 집합적 성격을 지니고 있다. 따 라서 단어의 의미 연구는 의미상 관련성을 가진 어휘 체계 속에서 개별적이고 독자적인 의미를 밝히는 것이다. 의미상 관련성을 지닌 어휘 체계를 '단어장' 또는 '의미장'6)이라 한다.

〈색채어 의미장〉 　　〈성적어 의미장〉 　　〈친족어 의미장〉

[언어학 의미장]

(1) 의미의 성분 분석

한 의미장에 속하는 단어들의 의미 관계를 밝히기 위해서는 먼저 개별 단어의 의미 성분을 분석해야 한다. 개별 단어의 의미를 몇 개의 미세한 의미 조각의 집합으로 보고, 그 단어의 의미를 분석하는 것을 '성분 분석'이라 한다.

---

6) 단어장은 하나의 작은 장이 모여 큰 장을 이루고 다시 큰 장이 모여 더 큰 장을 이룬다. 이들 장의 집합이 한 언어 어휘의 총체적 모습을 나타낸다.

| 의미<br>성분<br>분석 | 단어 | 자질1 | 자질2 | 자질3 | 자질4 |
|---|---|---|---|---|---|
| | 아버지 | [+사람] | [+성인] | [+결혼] | [+남성] |
| | 어머니 | [+사람] | [+성인] | [+결혼] | [-남성] |
| | 단어 | 자질1 | 자질2 | 자질3 | 자질4 |
| | 소년 | [+사람] | [-성인] | [-결혼] | [+남성] |
| | 소녀 | [+사람] | [-성인] | [-결혼] | [-남성] |

'아버지'와 '어머니'의 공통 의미 성분은 [+사람], [+성인], [+결혼]이고, 의미를 구분하는 성분 자질은 [남성]이다. 이때, [남성]의 의미 성분을 '변별 자질' 혹은 '변별소'라 한다.


(2) 의미의 관계

의미 성분 분석 결과는 개별 단어의 의미를 분명하게 설명할 수 있을 뿐만 아니라 같은 의미장에 속하는 다른 단어들 간의 의미 차이를 명료하게 할 수 있다. 이 과정에서 개별 단어들은 홀로 존재하지 않고 의미를 중심으로 다른 단어들과 일정한 관계를 맺고 있음을 알 수 있다.

| 의미<br>관계 유형 | 계열적 관계 | 유의 관계, 반의 관계, 상하의 관계 |
|---|---|---|
| | 결합적 관계 | 서술어에 따른 주어, 목적어 선택 제약 |


① 유의 관계:

유의 관계[7]는 소리가 다른 둘 이상의 단어가 비슷한 의미를 지니는 관계이다. 지시 대상과 의미 기능에 따라 다양한 양상을 보인다.

---

7) 서로 다른 소리의 두 단어가 같은 의미를 지닐 때, 동의 관계의 '동의어'라 한다. 그러나 개념적 의미뿐만 아니라 연상적 의미까지 일치하는 단어는 없기에 유의 관계라는 말을 사용한다.

**1.** 지시 대상과 의미 기능이 다른 유의어.

꼬리 / 꽁지      동물의 몸뚱이 끝에 붙어 있는 것: 강아지 <u>꼬리</u>, 생선 <u>꼬리</u>

               새의 엉덩이 끝에 붙어 있는 깃: 참새 <u>꽁지</u>, 닭 <u>꽁지</u>

**2.** 지시 대상은 같으나 연상적 의미 기능이 다른 유의어.

밥 / 진지      사회적 신분 관계: 철수야, 우리 같이 **밥** 먹자.

               사회적 신분 관계: 할아버지, [**진지/밥**] 드세요.

**3.** 지시 대상은 같으나 결합적 관계의 의미 기능이 다른 유의어.

얼굴 / 낯      결합 관계: [**얼굴/낯**]이 뜨겁다 / 타다.

               결합 관계: [**얼굴**]이 크다 / 작다.


② 반의 관계:

    반의 관계는 둘 이상의 단어가 반대의 의미를 가지는 관계이다. 반의 관계인 단어를 반의어[8]라 한다. 반의 관계는 '상보 반의어', '등급 반의어', '관계 반의어'로 구분한다.

    **1.** 상보 반의어: 한쪽의 의미 부정이 다른 쪽의 의미를 지니게 된다.

         남자 ⟵⟶ 여자          기혼 ⟵⟶ 미혼

    **2.** 등급 반의어: 두 단어 사이에 중간항이 있어, 한쪽의 부정이 다른 쪽의 의미를 지니지 않는다. 즉, 두 단어의 동시 부정이 가능하다.

         크다  작다          기혼  미혼

---

8) 반의어는 두 단어가 의미상 여러 공통점이 있으면서 하나의 의미자질이 다름으로 해서 성립된다. 예를 들어, '할아버지'와 어머니'는 [±성]과 [±세대] 두 가지 의미자질이 달라서 반의어 관계가 성립하지 않는다.

**3.** 관계 반의어: 두 단어가 대칭 관계를 이루어, 인식하는 관점에 따른 대립을
보여준다.

가다 ⇄ 오다          부모 ⇄ 자식

③ 상하의 관계:

　상하의 관계는 층위를 달리하는 두 단어 중 한 단어의 의미가 다른 단어의
의미에 포함되는 관계이다. 층위를 기준으로 다른 단어의 의미를 포함하는
단어를 상의어(上義語), 다른 단어의 의미에 포함되는 단어를 하의어(下義語)
라고 한다.

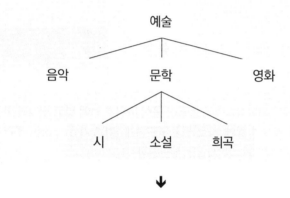

1. 상의어와 하의어는 각각 위, 아래로 여러 개의 상의어와 하의어를
　가질 수 있다.
2. 상하의 관계에 있는 단어 중, 상의어일수록 일반적이고 포괄적인
　의미를 지니고, 하의어일수록 개별적이고 한정적인 의미를 지닌다.
3. 하의어는 상의어가 지니는 의미 특성을 자동적으로 지니게 된다.

④ 결합적 관계:

　결합적 의미 관계는 한 문장 내 성분들의 공기(共起) 관계9)에서 뚜렷이 나
타난다. 특히 서술어의 의미자질을 만족하는 문장 성분들과 결합하여 온전한

의미 관계를 맺는다.

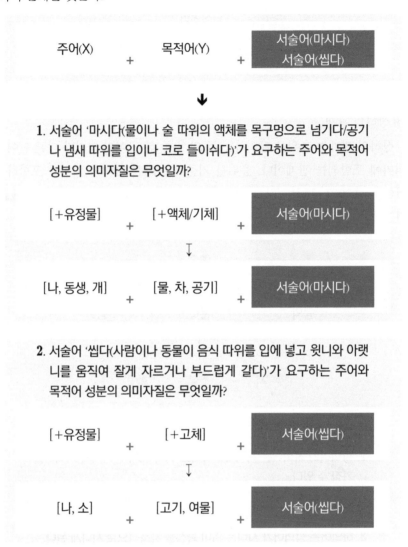

주어(X)  +  목적어(Y)  +  서술어(마시다)
서술어(씹다)

↓

1. 서술어 '마시다(물이나 술 따위의 액체를 목구멍으로 넘기다/공기
나 냄새 따위를 입이나 코로 들이쉬다)'가 요구하는 주어와 목적어
성분의 의미자질은 무엇일까?

[+유정물]  +  [+액체/기체]  +  서술어(마시다)

↧

[나, 동생, 개]  +  [물, 차, 공기]  +  서술어(마시다)

2. 서술어 '씹다(사람이나 동물이 음식 따위를 입에 넣고 윗니와 아랫
니를 움직여 잘게 자르거나 부드럽게 갈다)'가 요구하는 주어와
목적어 성분의 의미자질은 무엇일까?

[+유정물]  +  [+고체]  +  서술어(씹다)

↧

[나, 소]  +  [고기, 여물]  +  서술어(씹다)

---

9) 서술어의 의미역을 고려한 문장 성분들의 공기 관계는 통사론의 영역에 속하기도 한다.

## ② 통사 구조와 문장의 의미

의사소통의 단위인 문장의 의미는 개별 단어의 의미 이해에서 비롯된다. 그러나 개별 단어의 의미를 아는 것만으로는 문장의 정확한 의미를 알지 못한다. 왜냐하면 동일한 단어의 문장일지라도 통사 규칙의 변형에 의한 문장 성분들의 구조적 관계와 앞뒤의 문장 간 관계에 따라 문장의 해석이 달라질 수 있기 때문이다.

- **문장 성분의 구조적 관계**
  나와 영희는 부산에 갔다.
  - 나는 부산에 갔다. 그리고 영희도 부산에 갔다.
  - 나는 영희와 함께 부산에 갔다.

- **문장 성분의 구조적 관계**
  나는 비를 맞았다.
  - 함의(含意)        비가 왔다.
  - 전제(前提)        우산이 없었다.

### (1) 문장의 중의성
　① 중의적 표현:
　　'중의성(重義性)'은 한 언어 표현이 두 가지 이상의 의미로 해석되는 것이다. 이러한 표현을 중의적 표현[10]이라 하고, 중의적 표현 문장을 중의문이라 한다. 문장 단위에서는 문장 성분의 구조적 관계에 따라 문장의 의미 해석이 달라질 수 있다.

　② 중의성의 용례:
　　문장 구조의 중의성은 비교 대상과 수식의 범위 등에 따라 나타난다.

---

10) 중의적 표현은 문장의 구조적 관계뿐만 아니라 "저 큰 <u>배</u>를 보아라."(동음 이의어)와 "<u>손</u>을 보다."(다의어)와 같은 어휘적 중의성에 의해서도 나타난다. 또한, "그는 <u>곰</u> 같다."는 비유적 표현에 의해서도 중의성이 나타난다.

**1. 할머니는 엄마보다 나를 더 사랑하신다.**

· 할머니는 엄마와 나 둘 다 사랑하시는데, 그중 나를 더 사랑하신다.

· 할머니와 엄마는 나를 사랑하시는데, 엄마보다 할머니가 나를 더 사랑하신다.

**2. 나는 키가 큰 철수의 동생을 보았다.**

· 나는 {[(키가 큰) 철수]의 동생}을 보았다.

· 나는 {키가 큰 [(철수의) 동생]을 보았다.

**3. 부정문의 중의성**

· '못', '안' 부정문의 중의성 참조.


③ 중의성의 해소:

　문장의 중의성은 자세하게 풀어 설명한다든지 쉼표(,), 보조사나 강세를 활용(부정문 내용 참조)하는 방법 등이 있다.


**※ 잉여적 표현**

**1.** 정의: 한 문장 안의 단어나 어절 중에 의미상 중복되는 표현을 가리킨다.

**2.** 용례:　　　　　· <u>여성 자매</u> 두 분이 오셨습니다.


(2) 함의와 전제

　① 함의(含意)의 개념:

　　문장과 문장 사이의 논리적 관계를 나타내는 함의는 한 문장의 의미 속에 포함되어 있는 다른 의미를 지칭한다.

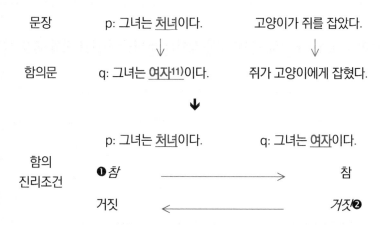

② 전제(前提)의 개념:

　문장간 논리적 관계를 나타내는 전제는 한 문장이 의미적 정당성을 갖기
위해 참이 보장된 다른 문장을 지칭한다.

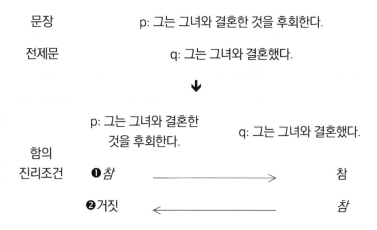

---

11) '처녀'와 '여성'은 하의어와 상의어 관계를 형성한다. 이때, 하의어는 상의어를 함의하게 된다. 그러나 그
　역은 성립하지 않는다. 즉, '처녀'는 반드시 '여성'이지만, '여성'이 반드시 '처녀'이지는 않다. 이를 '일방
　함의'라 한다. 반면, 능동문과 피동문의 의미 관계는 양방향으로 함의를 하고 있어 '상호 함의'라 한다.

## ③ 의미의 변화

시간의 흐름에 따라 언어가 변하는 특성을 역사성이라고 한다고 하였다. 이러한 변화는 언어를 구성하는 모든 영역에서 일어나기 때문에 의미 변화 또한 예외일 수 없다. 의미 변화의 일반적인 과정(A에서 B로 의미 변화 과정에서 C와 같은 과도기적 현상이 나타난다)은 다음과 같다.

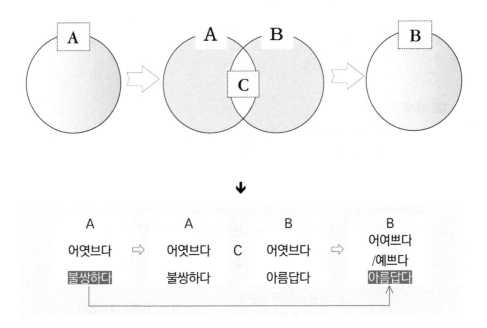

(1) 의미 변화의 원인
　① 언어적 원인:
　　언어적 원인에 의한 의미 변화는 말소리나 낱말의 형태 또는 통사적인 것이 원인이 되어 그 의미가 바뀌는 것을 이른다.

1. **콧물** : 코가 흐른다. ➡ '콧물'의 '물'이 생략된 의미 변화

　다음은 특정 단어와의 결합이 관습적으로 이루어질 때, 한쪽의 의미가 다른 쪽에 전염되어 의미를 변화시키게 된다.

2. 전혀, 별로 + **부정** 서술어 ➡ 전혀, 별로 (서술어의 부정의 의미가 전염)

② 역사적 원인:

　역사적 원인에 의한 의미 변화는 과학, 기술, 제도, 풍속 등의 변화에 따라 지시 대상이 달라졌음에도 불구하고 그에 따른 형태(명칭)가 변하지 않아서 의미가 바뀌는 것을 이른다.

1. 지갑(紙匣) : **종이** ➡ 지갑(紙匣) : 가죽으로 만듦
2. 일출(日出)
　일몰(日沒) : **천동설** ➡ '일출/일몰' : 지동설
3. 나일론 : **새로운, 좋음** ➡ 나일론 : 가짜, 엉터리

③ 사회적 원인:

　사회적 원인에 의한 의미 변화는 단어가 적용되는 사회적 범위가 확대되거나 축소되는 경우에 나타난다.

|  | 왕(王) | | 가수왕, 축구왕: 제1인자 |
|---|---|---|---|
|  | 왕정의 최고 책임자(1인) | | 왕거미, 왕소금: 크다 |
| 1. | [특수 집단] | → | [일반 사회] |
|  | 영감 | | |
|  | 나이 든 남자 어른 | | 판사, 검사 |
| 2. | [일반 사회] | → | [특수 집단] |

④ 심리적 원인:

심리적 원인에 의한 의미 변화는 심리적인 호감에 의한 것과 금기에 의한 의미 변화로 나누어진다.

| 1. | 나일론 | : | 새로움, 좋음 | → | 나일론 참외(품종이 좋은 참외) |
|---|---|---|---|---|---|
| 2. | 천연두 | : | 무서움 금기 | → | 마마, 손님 |
| 3. | 똥, 오줌 | : | 더러움 금기 | → | 소변, 대변 |

(2) 의미 변화의 결과

① 의미의 확장:

의미 변화의 결과, 단어의 의미 영역이 원래보다 넓어지는 것을 의미의 확장[12](확대)라고 한다.

| 1. | 식구(食口) | : | [입] | → | 가족 |
|---|---|---|---|---|---|
| 2. | 선생(先生) | : | [교육자] | → | 학식이 뛰어난 사람<br>남을 높여 부르는 말 |
| 3. | 놀부 | : | [1인 이름] | → | 심술궂고 욕심 많은 사람 |

---

12) 다의어가 중심 의미에서 주변 의미로 확장되어 쓰이는 대표적 예이다.

② 의미의 축소:

　　의미 변화의 결과, 단어의 의미 영역이 원래보다 좁아지는 것을 의미의 축소라고 한다.

　1.　계집/놈　：　[여성/남성]　➡　여성/남성의 비하어

　2.　얼굴　　：　[몸/형체]　➡　안면/낯

③ 의미의 이동:

　　의미 변화의 결과 의미 영역의 확대나 축소 없이 다른 의미로 바뀌는 것을 의미의 이동 또는 전이라고 한다.

　1.　어리다　：　[어리석다]　➡　나이가 적다

　2.　인정(人情)　：　[뇌물]　➡　사람의 원래 감정이나 심정

### ※ 의미 '확장/축소/이동' 적용

■ 다음 각 단어에 대한 설명을 읽은 후, 의미 변화의 유형을 찾아보자.

**다리　_　의미의 □□**

'사람이나 동물의 몸통 아래 붙어 있는 신체의 부분'을 가리키는데,
'책상 다리', '안경 다리' '한강의 다리' 등으로도 사용된다.

**중생(衆生)　_　의미의 □□**

'중생(衆生)'은 본디 생물 일반을 지시하던 말이었다가 '동물'을
지시하게 되고, 다시 '사람'을 지시하는 것으로 바뀌게 되었다.

**배우/가수　_　의미의 □□**

예전에는 '배우'나 '가수'는 좋은 직업군으로 여겨지지 않았다.
그러다가 오늘날에는 선망의 대상으로 바뀌었다.

# 제IX부 화용론

# 제1장 화용론의 이해

## ▣ 화용론의 개념

　언어가 의사소통의 수단이라는 점에서 표현과 이해에 관여하는 구성 요소에 대한 지식이 필요하다. 지금까지 살핀 음운(음성), 단어(어휘), 문장, 문법 범주, 의미 관련 내용이 바로 그러한 지식이다. 그러나 다음 표현들은 이들에 대한 이해만으로 정확한 의미를 파악할 수 없다.

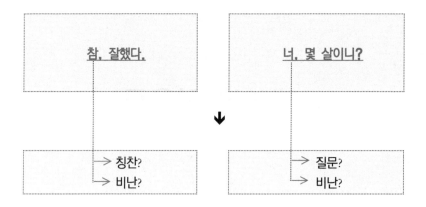

　(1) 개념의 정의
　위의 언어 표현은 어떤 장면이나 상황에서 쓰였는지에 따라 그 의미 해석이 달라진다. 이처럼 구체적 장면 또는 상황 속에서 언어의 의미를 연구하는 분야를 화용론(話用論)이라 한다.

(2) 화용론과 의미론

"참, 잘했다."와 "너, 몇 살이니?"는 1차적으로 언어 내적 구성 요소들의 의미를 합하여 해석한다. 이 경우, 두 발화문은 '칭찬'과 '질문'의 의미밖에 없다. 그러나 '누가, 언제, 어디에서, 어떤 목적으로, 누구에게' 발화했느냐에 따라 '비난'의 의미가 되기도 한다. 따라서 발화의 정확한 의미 해석을 위해서 언어 사용 측면을 살펴야 한다. 이런 점에서 화용론과 '화행 의미론'은 유사하다.[1]

## ② 화용론의 구성 요소

화용론은 문장이 아닌 발화 단위에서 언어 사용의 측면을 다루는 학문으로, 문장 단위의 구성 요소와 다른 점이 많다. 화용의 구성 요소는 언어 사용자의 발화와 관련한 부분과 발화의 의미 해석과 관련한 부분으로 나눌 수 있다.

(1) 언어 사용자의 발화
① 화자: 화자는 화용의 주체이다. 따라서 화자의 나이, 성별, 교육 정도, 직업, 거주 지역, 청자와의 친소 관계 등의 차이가 언어 사용과 해석에 영향을 끼친다.[2]

| | | | |
|---|---|---|---|
| 1. | 나이 | 아빠, 밥 먹어. | 아버지, 식사해요. | 아버님, 진지 드세요. |
| 2. | 친소 | 나 좀 도와줘. | 혹시 괜찮으시면 저 좀 도와주실 수 있으세요? |

---

1) 화용론과 화행의미론은, 그것이 가지고 있는 학문적 특성에 의하여 학자들에 따라서 구분하기도 하고 혼용되기도 하나, 대체로 화용론은 발화 사용의 측면에서 붙여진 이름이고 화행의미론은 발화 행위의 측면에서 붙여진 이름이라고 할 수 있다. 그러나 화자와 청자, 시간과 장소, 맥락 등 발화 장면과 관련 있는 언어외적 특성을 고려하여 의미를 분석한다는 점에서 화용론과 화행의미론은 결국 같은 성격의 학문 분야라고 말할 수 있다(윤평현, 2008:324).
2) 일상 발화에서 화자와 청자는 순환, 교체되기에 이들 요소는 청자에게도 동일하게 적용된다.

② '화자-청자'의 상호작용:

  의사소통은 화자와 청자를 전제로 한다. 이들의 상호작용 관계3)에 따라 언어 양상과 의미 해석이 달라지기도 한다.

|   |   | [회의/토의/토론] |
|---|---|---|
| **1.** | 상보 관계 | A: 다른 의견 있으세요? |
|   |   | B: 네. 저는 … 라고 생각합니다. |
|   |   | [초청 강연] |
| **2.** | 화자 중심 | 먼저, 여러분에게 한글의 우수성에 대해 |
|   |   | 말씀드리겠습니다. |
|   |   | [대학(원) 면접] |
| **3.** | 청자 중심 | 교수: 지원 동기를 말씀해 주십시오. |
|   |   | 학생: 저는 … 위해서 ○○과(전공)를 지원하였습니다. |

③ 상황: 의사소통에서의 상황은 발화의 시간, 장소뿐만 아니라 공식적 및 비공식적 자리, 화제, 주제 등도 포함하는 포괄적 개념이다. 이들의 차이에 따라 언어 양상과 의미 해석이 달라지기도 한다.

| 영화관 | 지금<br>몇 시니? | 친구가 늦음. → 목적: 비난 |
|---|---|---|
|  |  | 상영 시작을 기다림. → 목적: 질문 |

(2) 발화의 의미 해석4)

  ① 발화: 발화는 구어에서 의사소통의 기본 단위이다. 이는 상황 맥락에 따라 '진술, 명령, 선언, 요구, 칭찬, 비난' 등의 실제 행위를 수반한다.

---

3) 이 외, '청문회'처럼 화자와 청자의 의사소통 방식이 '능·피동' 양상으로도 나타나기도 한다.
4) 언어 사용자가 발화한 언어 형식의 의미 해석은 단어, 문장, 발화, 담화의 언어 단위와 관련이 있다. 이 중 단어와 문장은 문법론의 연구 대상으로, 화용론의 중심 대상은 아니다. 왜냐하면 화용론의 발화 단위는 하나 이상의 문장의 결합을 의미하기 때문이다. 그러나 단어와 문장의 결합 없이 발화가 존재할 수 없기에 화용론과 관련성이 없지는 않다.

| 1. | 진술 | 아리스토텔레스는 사람을 사회적 동물이라고 설명했다. |
|---|---|---|
| 2. | 명령 | 이곳은 금연구역이니 담배를 피우지 마십시오. |
| 3. | 선언 | 두 사람의 혼인이 이루어진 것을 여러분 앞에 엄숙히 선언합니다. |

② 담화: 담화는 화자와 청자가 한 가지 주제에 대해 교환하는 단위로, 하나 이상의 발화나 문장으로 이루어진다.

· A: 지금 어디 가는 거야?  ─  B: 응. 엄마 심부름 가는 중이야.

· A: 지금 어디 가는 거야?  →  B: 응. 엄마 심부름 가는 중이야.
                                          ↓
내일 시험이잖아 도서관 가.  ←  너는 어디 가는데?
        ↓
넌 시험 공부 다 했어?  →  아니, 심부름 갔다가 나도 도서관 가려 해.
                                          ↓
그래, 그럼 나중에 봐.  ←  나중에 도서관에서 보자.

### ※ 담화의 구성 요소

1. 통일성: 담화 구성의 발화들이 한 내용 아래 유기적인 관계를 맺어야 한다.
2. 응집성: 담화 구성의 발화들이 '지시, 접속, 반복, 생략, 대용' 등에 의해 긴밀히 연결되어야 한다.

나는 집에서 혼자 영화를 봤어. 왜냐하면 가족들이 친척 결혼식에 갔기 때문이야. 그렇지만 에어컨 켜 놓고 치킨을 먹으며 즐겁게 봤어.

# 제2장 화용론의 직시

## ▣ 직시와 직시 표현

우리의 언어 표현에는 발화와 관련한 요소가 명시적으로 나오기도 한다. 그러나 화자가 발화와 관련한 어떤 대상(요소)을 직접 지시하게 되면 그것이 사용되는 장면에 따라 지시하는 바가 달라져 의미 해석에 어려움이 생길 수 있다. 따라서 언어 표현의 화행 의미를 정확히 파악하려면 이에 대한 이해가 필요하다.

(1) 직시의 개념
직시(直示)는 발화와 관련한 맥락 요소들을 직접 가리키는 문법 현상이다. 직시의 목적 달성을 위해 사용하는 '이, 나, 여기, 오늘, 이것' 등의 언어 형태를 '직시 표현'(↔ 비직시 표현)이라 한다.

> **1.**            **나는 너를 어제 이곳에서 기다렸어.**
>
>                        ⇕
>
> **2.**           **철수는 영희를 6월 29일 학교 도서관에서 기다렸어.**

발화 **1**은 의사소통의 상황 맥락에 해당하는 화자, 청자, 시간, 장소를 '나', '너', '어제', '이곳'으로 직접 가리키고 있는데 이를 '직시 표현'이라 한다. 반면 발화 **2**는 같은 대상의 발화 맥락을 직접 가리키지 않는 '비직시 표현'을 사용하고 있다.

(2) 직시 표현의 기준
일상 언어생활에서 가장 빈번한 직시 표현은 사람, 장소, 시간을 지시하는 것인데, 모두 화자 자신을 기준으로 한다. 이처럼 어떤 대상을 지시할 때 중심이 되는 기준점이 필요한데, 이를 직시의 중심(deictic center)이라 한다.

**1.**            <u>나</u>는 <u>이분</u>을 <u>저</u> 카페에서 보았어요.

⇕

**2.**            <u>내일</u>은 하루 종일 밖에서 일을 하고 있을 거예요.

발화 **1**은 화자[5]의 위치를 직시의 중심으로, 가까운 사람과 먼 곳을 '이분'과 '저'로 지정하고 있다. 그리고 발화 **2**는 화자의 발화 시점인 오늘을 직시의 중심으로 삼아 '내일' 일을 진술하고 있다.

(3) 직시 표현의 용법

직시 표현은 제스처의 수반 여부에 따라 두 가지 용법으로 나뉜다. 즉, 직시 표현과 함께 특정한 제스처가 수반되어야 지시 대상이 분명하게 드러나는 제스처 용법이 그 한 가지이다. 반면, 제스처 없이도 맥락 속에서 지시 내용을 파악할 수 있는 상징적 용법이 그 두 번째이다.

**1.**            <u>자네</u>, <u>자네</u>, <u>자네</u>는 수업 후 나를 따라 오게.

**2.**            <u>저분</u>의 허락을 받으면 나도 너도 함께 놀러 갈 수 있어.

발화 **1**의 밑줄 친 직시 표현은 이 발화만으로 누구를 지시하는지 명확하지 않다. 여러 학생이 있는 상황이라면 손동작 등의 제스처로 해당 학생들을 정확히 가리켜야 한다. 반면 발화 **2**의 직시 표현은 대화의 전·후 맥락에서 지시 내용을 파악할 수 있다

---

5) 한편, 화자는 직시의 중심을 청자에게로 이동하여 표현하기도 하는데, 이를 직시의 투사(deictic projection) 라 한다. 예를 들면, 아침 시간 때의 한국 부모님이 미국에 있는 저녁 시간 때의 자녀에게 인사말로 'good night'라고 말하는 경우이다.

는 전제하에 제스처가 수반될 필요가 없다.

## ② 직시(표현)의 유형

화자가 발화의 상황 맥락 속에서 직접 지시하는 대상은 크게 다섯 가지이다. 인칭
(사람), 시간, 장소, 담화, 사회 직시로 나타난다.

(1) 인칭 직시

인칭 직시는 화자가 발화 관련 인물을 직접 지시하는 것이다. 인칭대명사로 실현
되면서 발화 속 인물 간의 사회적 신분이나 관계를 드러낸다. 그 개략적 체계는 '형태
론' 부분을 참고할 수 있다.

| | | |
|---|---|---|
| 1. | 영희: 철수야, 너 어디 가? | 철수: 나, 지금 친구 만나러 가. |
| 2. | 나는 수업이 끝난 후 집에 간다. | 저는 수업이 끝난 후 집에 갑니다. |

발화 1에서 '철수'는 인칭대명사 '나'와 '너'로 직시되고 있다. 그 이유는 '나'는 화자
인 철수가 자신을 지시한 표현이고, '너'는 화자인 영희가 청자인 철수는 지시하였기
때문이다. 발화 2의 '나'와 '저'는 모두 화자 자신을 가리키는 직시 이외에 화자와 청
자 사이의 사회적 지위에 대한 정보도 알려주고 있다.

(2) 시간 직시

시간 직시는 화자가 사건이 일어난 시간을 직접 지시하는 것이다. 발화시를 기준으로
사건이 일어난 시간을 나타내는 단어나 시제 표현의 시제 선어말 어미로 지시할 수 있다.
그러나 시제 선어말 어미와 그것이 지시하는 사건시가 반드시 일치하는 것은 아니다.

| | | | |
|---|---|---|---|
| 1. | 학생: 교수님, <u>오늘</u> 보강 있어요? | - | 교수: 네, <u>지난주</u> 선거로 쉬<u>었</u>잖아요. |
| 2. | 나는 <u>내일</u> 고향에 <u>간다</u>. | - | <u>지금</u> 열심히 시험을 보고 있<u>겠</u>다. |

발화 1은 '오늘', '지난주'와 같이 시간을 표현하는 단어와 과거 시제 선어말 어미 '-었-'에 의해 시간이 지시될 수 있음을 보인다. 발화 2는 현재 시제 선어말 어미인 '-ㄴ-'이 미래의 사건을 표현하고, 미래의 '-겠-'이 현재의 사건을 표현하고 있다.

(3) 장소 직시

장소 직시는 화자가 발화와 관련한 사람, 사물의 공간적 위치를 직접 지시하는 것이다. 화자와의 거리 차이에 따라 '이리, 여기, 이곳/저리, 저기, 저곳/그리, 거기, 그곳' 등의 표현으로 나타난다.

| | | | |
|---|---|---|---|
| 1. | 자녀: <u>이곳</u>은 비가 오는데 <u>그곳</u>은 어떠세요? | - | 부모: <u>여기</u>는 눈이 와. |
| 2. | 교수(3층): 3층으로 빨리 <u>올라오세요</u>. | - | 교수(1층): 3층으로 빨리 <u>올라가세요</u>. |

발화 1의 '이곳', '여기'는 화자가 위치한 곳을 가리키고, '그곳'은 청자가 위치한 곳을 가리킨다. 화자가 있는 곳을 기준으로 가깝고 먼 곳을 직시하고 있다. 발화 2는 직시의 특성을 지닌 이동 동사가 쓰였다. 화자를 기준으로 공간적으로 가까워지는 것은 '오다', 멀어지는 것은 '가다'로 표현한다.

(4) 담화 직시

담화 직시는 화자가 발화 속의 특정 담화를 직접 지시하는 것이다. 특정 담화가 직시 표현의 앞에 위치할 수도 있고 뒤에 위치할 수도 있다.

1. 영희는 철수가 유학한다고 말했다. 그러나
   <u>그것</u>은 사실이 아니다.    -    그것: '철수가 유학한다'

2. 나는 너를 사랑해.
   <u>이것</u>은 사실이야.    -    <u>다음</u> 글을 읽고 물음에 답하시오.

발화 1의 '그것'은 앞 담화의 전체가 아닌 '철수가 휴학한다'는 일부분을 지시한다. 발화 2의 직시 표현 '이것'은 선행 담화를 지시하고, '다음'은 후행 담화를 지시한다.

한편, 담화 직시와 유사한 개념인 '조응'과의 구별에 유의해야 한다. '조응'(anaphora)은 언어 표현에 의한 지시물 자체를 가리키는 개념이다.

1. 나는 너를 믿어. <u>이게</u> 내 진심이야.    -    이게: '나는 너를 믿어'

2. 나는 영희를 좋아한다. <u>그녀</u>는 미인이야.    -    그녀: 영희

발화 1의 '이게'는 앞 담화를 지시하는 담화 직시 표현이다. 그러나 발화 2의 '그녀'는 언어 표현으로서의 '영희'를 지시하는 것이 아니고 실존하는 인물인 영희를 지시하는 '조응' 표현이다.

(5) 사회 직시

사회 직시는 화자가 발화를 통해 참여자의 사회적 신분 또는 관계를 직접 지시하는 것이다. 이는 한국어의 높임법과 밀접한 관련을 맺고 있다.

1.  <u>교수님께서</u> 학교에 <u>오신다</u>.  -  나는 할머니를 <u>모시고</u> 산책을 갔다.


나는 갑니다.    나는 가오.    나는 가네.    나는 간다.
2.  하십시오체  -  하오체  -  하게체  -  해라체


발화 **1**은 화자가 청자(교수, 할머니)와의 사회적 관계를 직시하기 위해 주체 높임법과 객체 높임법을 사용하고 있다. 발화 **2**는 청자와의 관계에 따라 상대 높임법의 등급을 달리하여 사회 직시를 나타내고 있다.

# 제3장 발화 행위 이론

## ■ 발화 행위의 개념

언어는 언어학뿐만 아니라 철학, 인류학, 교육학, 사회학, 심리학, 문학, 공학 등의 다양한 학문 분야와 관련을 맺는다. 특히 현대 언어학자들은 언어 사용의 목적이 말을 하기 위한 것이 아니라 어떤 행위를 수행6)하기 위한 것으로 본다. 언어를 이러한 발화 행위의 측면에서 체계화하려는 이론을 '화행 이론(speech act theory)'이라 하며, 화행론, 언어 행위 이론, 발화 행위 이론 등으로도 불린다.

(1) 발화 행위의 종류
영국의 철학자 오스틴(1962)은 문장 형태의 발화는 다음과 같이 특정 내용을 표현할 뿐만 아니라 특정한 행위를 말로 실천하는 것으로 보았다.

1. 발화: 내일 꼭 전화할게.   -   내용: 내일 전화하다.   행위: 약속

2. 발화: 마스크를 꼭 써라.   -   내용: 마스크를 쓰다.   행위: 명령

3. 발화: 결석하면 혼난다.   -   내용: 결석하면 혼난다.   행위: 경고

오스틴은 하나의 발화가 수행하는 행위를 다음과 같이 세 가지로 구분한다.

---

6) 발화 표현에 나타나는 행위를 '화행'이라 한다. 예를 들면, "빨리 일어나라."의 발화는 '명령'의 화행이 수반되고, "9시까지 꼭 갈게."에는 '약속'의 화행이 수반된다.

| "엄마, 목 말라요." | 1. 언표적 행위=표현 행위 |
| | 2. 언표내적 행위=수행 행위 |
| | 3. 언향적 행위=결과 행위 |

① 언표적 행위:

이는 특정 내용의 문장을 발화하는 것으로, 표현 행위라 한다.

**1.**      "엄마, 목 말라요."   ⟶   언표적 행위
'목이 마르다'는 내용의
표현 행위

② 언표내적 행위7):

이는 언표적 행위에 더해지는 다른 행위로, 수행 행위라 한다.

**2.**      "엄마, 목 말라요."   ⟶   언표적 행위
마실 것을 달라는 요구의
수행 행위

③ 언향적 행위:

이는 발화의 결과로 나타나는 행위이다. 청자의 구체적인 반응 행위로 나타나는 결과 행위이다.

**3.**      자녀의 발화에
대한 반응 행위   ⟶   언향적 행위
결과 행위

---

7) 화용론에서는 이 세 가지 행위(언표적, 언어내적, 언향적) 중, 언표내적 행위에 관심을 둔다. 왜냐하면 언표내적 행위가 말을 하면서 실질적으로 어떤 행위를 실천한다는 화행 이론에 가장 부합하기 때문이다.

(2) 언표내적 행위의 종류

앞에서 언표내적 행위(수행 행위)의 구체적 모습으로 '약속', '명령', '요구'가 있음을 알았다. 발화가 이 외에 어떤 행위를 수반하는지 그리고 이들을 어떻게 유형화할 수 있는지 서얼(1977)를 바탕으로 자세히 살펴보고자 한다.

① 진술 행위:

이는 화자가 자신의 믿음을 바탕으로 특정 내용을 단언하거나 어떤 사건을 기록 및 보고하는 행위이다.

　　　　사람은 사회적/이성적 동물이다.　　　　　화자의 믿음

② 지시 행위:

이는 화자가 청자에게 무엇을 하도록 시키는 행위이다. 명령, 요청, 제안, 질문, 충고 등이 해당한다.

　　　　잔디밭에 들어가지 마세요.　　　　　화자의 바람

③ 약속 행위:

이는 화자가 자신의 미래 행위를 언명하는 것으로, 약속, 위협, 경고, 거절, 맹세 등이 해당한다.

　　　　내일까지 꼭 과제를 내겠습니다.　　　　　화자의 의무

④ 표현 행위:

이는 화자가 자신의 기쁨, 슬픔, 즐거움 등의 감정을 진술하는 행위이다. 감사, 사과, 환영, 인사 등이 해당한다.

　　　　이곳까지 와 주셔서 감사합니다.　　　　　화자의 심리 상태

⑤ 선언 행위:

　이는 화자의 발화가 언급된 대상의 지위나 조건에 변화를 가져오는 행위이다. 선고, 포고, 임명, 지명, 면직, 해고, 판결 등의 발화로, 특정한 제도적 환경8)에 있는 화자의 발화로 나타나는 행위이다.

> **귀하를 ○○대학교 교수로 임용합니다.**　　　　화자의 세계에 대한 변화

## ② 직접 발화와 간접 발화

　화자의 발화 행위는 의도하는 수행 행위를 직접적으로 표현하는 직접 발화와 다른 수행 행위로 돌려서 표현하는 간접 발화로 나타나기도 한다.

| 지금 몇 시니? | 문장 형태 | 직접 발화 | 간접 발화 |
|---|---|---|---|
| | 의문문 | 질문 | 비난 |

(1) 직접적 발화
　화자의 의도를 직접적으로 드러내 표현하는 것으로, 문장 형태의 의미와 언표내적 행위가 일치하는 경우이다.

　　　‘진술’　　　평서문　　　　　　　　꽃이 예쁘다.

---

8) 결혼식의 주례, 법원의 판사, 운동 경기의 심판 등에 의한 발화가 이에 해당한다.

| | | | |
|---|---|---|---|
| . | '질문' | 의문문 | 여기가 도서관입니까? |
| . | '명령' | 명령문 | 나 좀 도와줘. |

(2) 간접적 발화

화자의 의도를 간접적으로 드러내 표현하는 것으로, 문장 형태의 의미와 언표내적 행위가 일치하지 않는 경우이다.

| | | | |
|---|---|---|---|
| . | 교실이 너무 덥네요. | 평서문 | 요청 |
| . | 은행이 어디에 있는지 아세요? | 의문문 | 요청 |
| . | 내일은 오전 9까지 학교에 꼭 옵니다. | 평서문 | 명령 |

## ※ 직접/간접 발화 완성

■ 다음 상황에서 엄마가 아들에게 할 수 있는 발화 유형을 생각해보자.

(시험 전날, 공부를 하지 않고 게임만 하는 아들에게)

엄마 : **직접 발화** 들어가서 공부해라.

엄마 : **간접 발화** 너 지금 뭐 하니? 내일 시험이다.

## ③ 함축과 대화의 격률

원만한 의사소통을 위해 화자와 청자는 대화에 협력적인 자세를 지녀야 한다. 특히, 간접 발화에 실려 있는 수행 행위를 정확히 이해하기 위해서 화자와 청자는 상황 맥락을 고려한 협력적 태도가 필요하다. 또한 화자와 청자의 협력적 태도는 명시적 발화 속에 담고 있는 또 다른 함축 의미를 이해하는 데도 중요하다.

> A: 오늘 날씨가 어때요?
> B: 우산 갖고 가.

> B: 발화의 함축 의미
> 비가 온다.비가 올 것이다

(1) 함축의 개념

함축은 실제 발화 내용으로 나타나지는 않지만 그 발화 속에 암시되어 있는 명제를 가리킨다. 함축 의미는 화자와 청자가 대화에 협력한다는 가정에서 추론할 수 있는 의미이다. 표면적으로는 A의 물음에 대한 B의 대답을 부적절한 발화로 생각할 수 있다. 그러나 A는 B가 대화에 협력하고 있다는 가정 하에 B의 발화 속에서 '날씨'와 '우산' 사이의 관계를 추론함으로써 "비가 온다. 또는 비가 올 것이다."는 함축 의미를 이해하고 있다.

> A: 오늘 같이 영화 볼래요?    -    B: 내일 제출해야 할 과제가 있어요.
>
> [함축 ↓ 의미]
>
> 과제 때문에 영화를 볼 수 없어요.

(2) 대화의 협력 원리

함축 의미는 대화 속 화자와 청자의 협력을 바탕으로 얻어진다 했다. 그렇다면 대화 협력의 구체적 원리는 무엇일까? 그라이스(1975)는 협력 원리의 구체적 조건으로 네 가지의 대화 격률9)을 제시하고 있다.

① 양의 격률:

효과적인 대화를 위해 목적에 필요한 정보를 제공하라는 것이다. 즉, 목적과 관련 없는 필요 이상의 정보를 제공하지 않아야 한다.

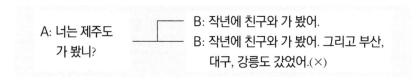

② 질의 격률:

효과적인 대화를 위해 사실 정보를 제공하라는 것이다. 즉, 거짓 정보나 근거가 없는 정보를 제공하지 않아야 한다.

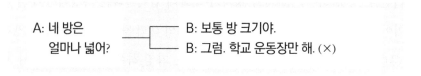

③ 관계의 격률:

효과적인 대화를 이해 관련 있는 정보를 제공하라는 것이다.

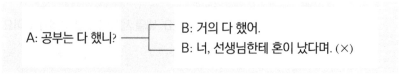

---

9) 격률(格律)은 '규칙', '준칙'의 의미이다.

④ 태도의 격률:

대화 목적에 맞는 명료, 정확한 정보를 제공하라는 것이다. 즉, 불명료하거
나 중의성이 있는 정보를 피하고 간결하고 순서에 맞게 제시한다.

A: 점심 뭐 먹을까? ─┬─ B: 뜨거운 순댓국 먹자.
　　　　　　　　　 └─ B: 글쎄, 아무거나 다 좋아. (×)

### ※ 대화 격률의 의도적 위배

■ 다음 B의 발화는 대화의 협력 원리 중 무엇을 위배하고 있으며 이로 인한
함축 의미는 무엇인가?

A　　:　　와, 드디어 시험 끝. 그런데 오늘 시험 어땠어?

B　　:　　벌써 점심시간이네. 야, 매운 떡볶이나 먹으러 가자.

(3) 함축의 종류

그라이스(1975)는 함축을 화용론적 원리에 의한 추론인지 아닌지를 기준으로 대
화 함축과 고정 함축으로 구분하고 있다.

① 대화 함축:

이는 대화 격률의 원리를 지키든지 아니면 의도적으로 위배함으로써 추론
되는 함축 의미이다. 다시 대화 함축은 배경 지식과 맥락의 필요성을 기준으
로 일반 대화 함축과 특정 대화 함축으로 구분한다.

| 일반 대화 함축<br>(특정 맥락 ×) | - | A: 어제 축구 경기 봤어요?<br>B: <u>아니요, 누가 승리했어요?</u> |
| --- | --- | --- |
| | | **[대화 ↓ 함축]** |
| | | B는 누가 승리했는지 알지 못한다. |
| 특정 대화 함축<br>(특정 맥락 ○) | - | A: 엄마, 아빠 집에 계셔요?<br>B: <u>오늘 월요일이잖니.</u> |
| | | **[대화 ↓ 함축]** |
| | | 휴일이 아닌 평일이므로 아버지는<br>회사에 가셔서 집에 안 계신다. |

② 고정 함축:

이는 대화 격률과 같은 화용론적 원리를 고려하지 않고도 추론이 가능한 함축으로, 오직 발화에 나타난 언어 표현만으로 함축 의미를 추론한다.

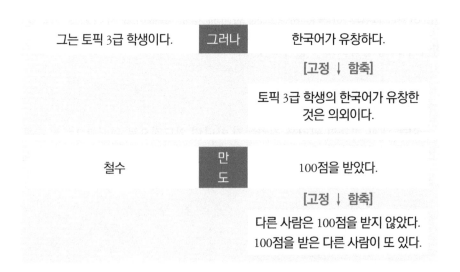

| 그는 토픽 3급 학생이다. | 그러나 | 한국어가 유창하다. |
| --- | --- | --- |
| | | **[고정 ↓ 함축]** |
| | | 토픽 3급 학생의 한국어가 유창한<br>것은 의외이다. |
| 철수 | 만도 | 100점을 받았다. |
| | | **[고정 ↓ 함축]** |
| | | 다른 사람은 100점을 받지 않았다.<br>100점을 받은 다른 사람이 또 있다. |

# 제 X 부 방언학

# 제1장 한국어와 방언

## ▪ 언어와 방언

지금까지 우리는 한국어를 하나의 동질적인 언어로 인식하면서 한국어의 음운, 형태(단어), 문법 등을 살폈다. 그러나 어떤 언어든 단일 언어로 존재하지 않듯이 한국어 역시 크고 작은 언어의 분화체로 구성되어 있는데, 이를 '방언'이라 한다.

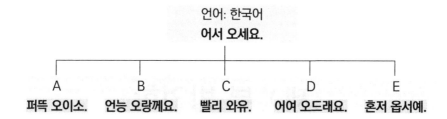

한국어는 의사소통력을 갖추거나 음운, 문법, 의미 체계를 공유하는 여러 방언으로 구성되는데, 만약 이러한 공통점이 없다면 이들 지역의 말은 별개의 언어이다.

### ※ 언어와 방언의 구별 기준

| 한국어 / 영어 / 중국어 … | 의사소통력 및 언어 체계 | A / B / C / D / E 언어 |
|---|---|---|
| X | | ○ |
| 개별 언어 | | 한 언어의 방언 |

(1) 방언의 개념

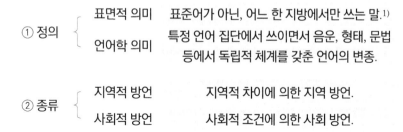

① 정의 — 표면적 의미 — 표준어가 아닌, 어느 한 지방에서만 쓰는 말.[1]

언어학 의미 — 특정 언어 집단에서 쓰이면서 음운, 형태, 문법 등에서 독립적 체계를 갖춘 언어의 변종.

② 종류 — 지역적 방언 — 지역적 차이에 의한 지역 방언.

사회적 방언 — 사회적 조건에 의한 사회 방언.

(2) 방언의 기능

언어학적 의미의 방언은 일반적으로 지역 방언을 가리키는 것으로, 지역 사회, 문화와 밀접한 관련을 맺는다. 그로 인해 방언은 단순한 의사소통의 기능만 담당하는 것이 아니라 그 지역 사람들의 독특한 정서가 담겨 있다.

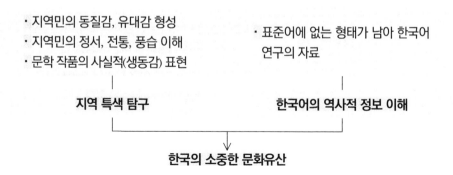

· 지역민의 동질감, 유대감 형성
· 지역민의 정서, 전통, 풍습 이해
· 문학 작품의 사실적(생동감) 표현

· 표준어에 없는 형태가 남아 한국어 연구의 자료

지역 특색 탐구　　　　한국어의 역사적 정보 이해

한국의 소중한 문화유산

---

1) 이 경우, 방언은 '사투리'와 동의어 관계로 볼 수 있다.

## ② 표준어와 방언

방언은 그 나름의 기능과 가치를 지닌다. 그러나 공적인 사회생활이나 격식을 갖추어야 할 상황, 장소에서는 그 사용에 주의를 해야 한다. 왜냐하면, 의사소통이 어려워 오해나 갈등이 발생할 수 있기 때문이다. 이러한 문제를 해결하기 위해 모든 국민이 공통으로 배우고 쓸 수 있는 '표준어'를 정하고 있다.

(1) 표준어의 개념

| ① | 사전적 의미 | 한 나라에서 공용어로 쓰는 규범으로서의 언어. |
|---|---|---|
| ② | 표준어 원칙 | 교양 있는 사람들이 두루 쓰는 현대 서울말2). |

(2) 표준어의 기능

| ① | 통일의 기능3) | 표준어는 한 나라의 국민을 하나로 묶어 원활한 의사소통을 가능하게 하는 기능을 한다. |
|---|---|---|
| ② | 독립의 기능 | 표준어는 한 나라를 이웃 나라와 분리시키고 독립시키는 기능을 한다. |
| ③ | 우월의 기능 | 표준어는 교육을 받은 사람이라는 우위를 입증하는 기능을 한다. |
| ④ | 준거의 기능 | 표준어는 한 국민이 모두 따라야 하는 언어 규범으로서의 기능을 한다. |

---

2) "표준어 사정 원칙" 제1항의 규정으로, 방언의 차이를 해소하기 위해 서울 지역의 방언을 표준어(공용어)로 인정하고 이를 모든 공식적인 상황에 두루 쓰게 한 것이다.
3) 표준어의 '통일의 기능'은 서로 다른 말을 쓰는 사람끼리는 통일이 되지 않는다는 '분리의 기능'을 의미하기도 한다(한국민족문화대백과 사전).

(3) 한국어와 표준어, 방언의 관계

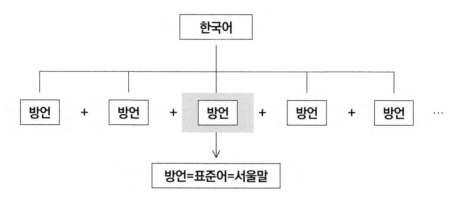

한국어는 크고 작은 여러 '방언'으로 구성되며, 한국어를 구성하는 '방언'들은 서로 대등한 자격을 지니고 있다. '방언'은 지역적 조건에 의해 자연적으로 형성된 말인 반면, '표준어'는 원활한 의사소통이라는 정책적 목적을 위해 인위적으로 만든 말이다.

# 제2장 한국어의 지역 방언

## ▣ 지역 방언의 형성 과정

처음 하나의 체계를 가지고 있었던 언어 또는 한국어가 여러 방언으로 분화하는 과정은 다음과 같다.

인구 증가에 ⬇ 따른 지역 이동[n]

| A | B | C | D | E | F |

인구 증가에 따른 지역 이동[n]

| $a^1$ | $a^2$ | $b^1$ | $b^2$ | $c^1$ | $c^2$ | $d^1$ | $d^2$ | $e^1$ | $e^2$ | $f^1$ | $f^2$ |
|---|---|---|---|---|---|---|---|---|---|---|---|

한국어 사용자의 증가로 다른 곳으로 이주하는 현상이 반복되면서 대단위 A~F 지역에 사람들이 집단 거주하게 되었고, 대단위 지역은 다시 a1~f2의 하위 지역으로 분화될 수밖에 없었을 것이다. 그러나 교통수단이 원활하지 않아 강이나 산 또는 자연 지리적 요인 등으로 언어적 교류가 불가능해지면서 분화된 해당 지역만의 독특한 문화와 언어적 특징이 오늘날까지 이어져 내려온 것이다.

## ② 방언 구획의 기준

한 언어 또는 한국어는 등어선을 기준으로 여러 방언으로 구분한다. 어떤 개별 언어의 사용 지역을 방언의 차이에 의해 구획하는 일을 '방언 구획'[4]이라 한다.

(1) 등어선의 개념

| | | |
|---|---|---|
| ① | **사전적 의미** | 같은 언어 현상을 가진 지역을 지도 위에서 이어 이루어지는 선. |
| ② | **일반적 의미** | 어떤 언어 특징에 대하여 차이를 보이는 두 지역을 가르는 선, 즉 언어 분계선(言語分界線). |

(2) 등어선의 용례

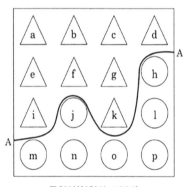

등어선(이익섭, 1994)

경남, 경북 지방 등어선(최명옥, 1992)

---

4) 방언 구획에 의하여 한 언어를 구성하는 크고 작은 방언이 밝혀진다면, 우선 각 방언을 대상으로 한 개별 방언의 연구가 가능하게 될 것이다. 다음으로 개별 방언의 연구 결과를 통해서 둘 이상의 개별 방언에 대한 대조 연구가 가능하게 될 것이다. 그 뿐 아니라 방언 구획을 가능하게 한 언어 사실을 바탕으로 하여 그들 방언의 분화에 대한 연구가 가능하게 될 것이다. 그리고 그들 연구 결과를 종합함으로써, 비로소 한 언어에 대한 일반적인 연구가 가능하게 될 것이다(최명옥, 1998:6~7).

# 3 한국어의 방언 구획

한국어는 등어선 및 등어선속(여러 개의 등어선이 겹쳐 만들어진 다발 혹은 뭉치)을 기준으로 다음과 같이 6개의 방언권을 형성하고 있다.

|  |  |
|---|---|
| — **동남 방언** — | 경상남도<br>경상북도 |
| — **서남 방언** — | 전라남도<br>전라북도 |
| — **동남 방언** — | 함경남도<br>함경북도 |
| — **서북 방언** — | 평안남도<br>평안북도 |
| — **제주 방언** — | 제 주 도 |
| — **중부 방언** — | 경 기 도<br>충청남북<br>황 해 도<br>강 원 도 |

## (1) 방언의 음운 차이

**동남 방언** 은 음장에 의한 대립은 나타나지 않는 반면, 성조를 유지하고 있다. 그리고 유성음 사이에서 '멀구(멀위), 입수불(입술), 새비(새우)'처럼 'ㄱ, ㅂ, ㅅ' 등이 보존되는 현상이 강하다.

**서남 방언** 은 성조의 구별이 없는 반면 음장의 대립은 존재한다. 동남 방언과 달리 유성음 사이의 'ㄱ, ㅂ' 보존 현상이 강하지 않다.

**제주 방언** 은 성조와 음장의 대립이 없는 반면 'ㆍ'의 음가가 유지되어 있다. 고어 형태가 많으며 몽골어와 일본어의 영향을 받은 방언이다.

**동북 방언** 은 함경남북도 지역으로, 동남 방언처럼 성조의 대립이 있다.

## (2) 방언의 문법 차이

**동남 방언** 은 짧은 부정법이 주로 나타난다. 중세 한국어의 '-아?'와 '-오?' 두 가지 형태의 의문형을 유지하고 있으며, '-꺼?', '-껴?', '-교?' 등의 다양한 의문형 어미가 쓰인다.

**서남 방언** 은 짧은 부정형과 긴 부정형이 모두 나타나며, '-요?'와 '-라(우)?'의 의문형 어미가 쓰인다. 이 외에도 '-는디(-는데), -는디(-니까), -것-(-겠-)' 등의 연결 어미와 선어말 어미가 나타난다.

**제주 방언** 은 다른 지역 방언에서 볼 수 없는 특징적인 어미가 많다. 의문형 어미는 '-꽈?'와 '-까?'로 나타난다. 이어 진행형 어미의 '-저', '-쩌', '-암/엄'5)과 높임의 어미 '-수-'(어드레 감<u>수</u>꽈?: 어디로 가<u>십</u>니까?), '-쿠-'(가당 물엉 가<u>쿠</u>다: 가다가 물어서 가<u>십</u>니다)가 쓰인다.

---

5) "밧테레 감<u>저</u>"(밭으로 가고 <u>있다</u>), "나 놀암<u>쩌</u>"(나 놀고 <u>있어</u>), "어두엄<u>쩌</u>"(어두워지고 <u>있다</u>)의 용례를 확인할 수 있다. '테레'는 부사격 조사 '으로'에 해당한다.

**동북 방언** 과 **서북 방언** 에서 '-까?' 의문형 어미가 공통으로 쓰이는 가운데, 함경도 방언에서는 '-둥?'(어드메 가심<u>둥</u>?)이 사용되기도 한다.

(3) 방언의 어휘 차이

한국어 6개 방언의 어휘적 특징이 잘 드러내는 언어지도[6]는 다음과 같다.

김유진, "사투리는 촌스러운 거라고?", 〈한글문화연대 누리집〉, 2019.5.30.

---

6) 조사한 방언 자료를 지도상에 표시한 것을 '언어지도'라 한다.
　국립국어원(https://dialect.korean.go.kr/dialect/)의 지역어 종합 정보에서 관련 정보를 찾아볼 수 있다.

'옥수수'의 방언지도, 동아일보(2008)

'부추'의 방언지도, 이익섭(1994)

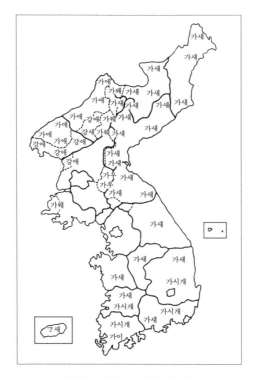

'가위'의 방언지도, 김병제(1988)

# 제3장 한국어의 사회 방언

## ▣ 사회 방언의 형성 과정

한 언어가 강, 바다 혹은 산 등의 자연적 요인에 의해 다양한 지역 언어로 분화하듯 다음 요인들에 의해서도 언어 체계 내지 양상이 달라지기도 한다.

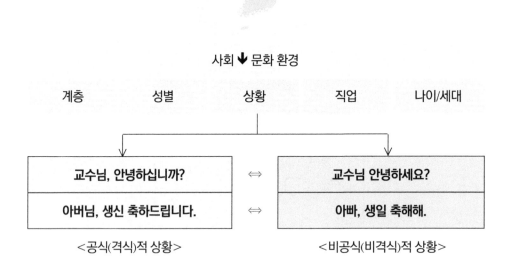

사회 ↓ 문화 환경

| 계층 | 성별 | 상황 | 직업 | 나이/세대 |

| 교수님, 안녕하십니까? | ⇔ | 교수님 안녕하세요? |
| 아버님, 생신 축하드립니다. | ⇔ | 아빠, 생일 축해해. |

&lt;공식(격식)적 상황&gt; &lt;비공식(비격식)적 상황&gt;

이와 같이, 사회·문화적 요인(계층, 성별, 나이, 종교 등)에 의해 동일한 내용을 다양한 형식으로 표현하는 언어 변이를 '사회 방언'이라 한다.

## ② 사회 방언의 특징

일반적으로 우리는 같은 한국어를 사용한다. 그러나 사회·경제적 위치(계층), 직업, 성별, 종교, 나이에 따라 서로 다른 한국어를 사용하고 있다. 주로 계층, 성별, 나이(세대) 차이에 따른 어휘 사용에 나타나는 특징을 살피기로 한다.

(1) 계층의 사회 방언

**계층** 개인의 직업, 경제력, 교육 정도 등을 기준으로, 상류층, 중류층, 하류층으로 구분한다. 이는 사회 방언 성립의 가장 보편적 요인이다.

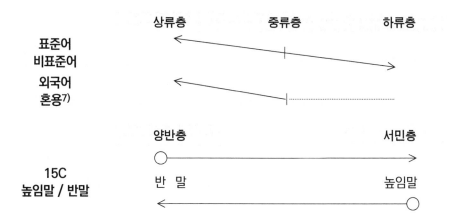

---

7) 외국어 혼용 현상, 즉 '여가' 대신에 '레저', '지도자' 대신에 '리더', '이상' 대신에 '비전'등을 사용하는 양상은 중류층에서 빈번하게 나타났다. 반면 외국 어휘를 국어에 혼용하는 비율은 상류 계층으로 갈수록 높아진다. 하류 계층은 외국어를 전혀 사용하지 않음에 비해 중류 계층에서 상류 계층으로 갈수록 외국어를 사용하는 사람이 많은 것으로 나타났다(홍종선 외, 2022:294).

(2) 성별의 사회 방언

**성별**     성별에 의한 언어 변이도 사회 방언의 중요한 요인이다. 이를 기준으
로 남성의 언어와 여성의 언어 차이가 나타난다.

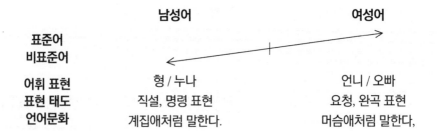

| | 남성어 | 여성어 |
|---|---|---|
| 표준어<br>비표준어 | | |
| 어휘 표현 | 형 / 누나 | 언니 / 오빠 |
| 표현 태도 | 직설, 명령 표현 | 요청, 완곡 표현 |
| 언어문화 | 계집애처럼 말한다. | 머슴애처럼 말한다, |

(3) 나이(세대)의 사회 방언

**나이(세대)**     나이나 세대 차이에 따른 언어 변이도 보편적인 현상이다. 이에 의한
사회 방언의 용례는 사회 계층이나 성별에 의한 사회 방언보다 더 보
편적이며 그 변화의 속도 또한 빠른 것이 특징이다.

| | 영·유아기 | 청소년기 | 성인기 | 노년기 |
|---|---|---|---|---|
| 언어 사용 양상 | 까까, 맘마 | 비속어<br>유행어<br>신조어 | 표준어<br>전문어 | 비표준어[8] |

---

8) 사회생활을 시작하는 성인기에는 표준어와 전문어(본서 000쪽 참고)를 사용하다가 나이가 들면 친구들
과 편한 비표준어를 사용하면서 친밀감, 유대감, 결속감을 증대시킨다.

# 제XI부 한국어사

# 제1장 한국어의 역사

## ▣ 언어의 유형론

언어는 형태론적[1] 특성과 계통론적[2] 특성에 따라 세분화할 수 있는데, 이를 '언어 유형학(類型學)'이라 한다.

한국어 {
  형태적 분류          첨가어
  계통적 분류          알타이 어족

## ▣ 알타이 어족

한국어가 속하는 알타이 어족에는 튀르키예어, 몽골어, 만주·퉁구스어가 포함되어 있다. 한국어를 알타이 어족으로 분류한 이는 알타이어 학자인 람스테트(G. J. Ramstedt)였다. 그는 알타이의 '흥안산맥'(興安山脈)을 분기점으로 몽골어·튀르키예어·퉁구스어와 함께 한국어가 위치하고 있음을 주장하였다.

---

1) 언어의 형태적 분류는 언어를 그 문법적(형태적) 특징에 따라 구분한 것이다. 고립어(孤立語)는 단어 형태의 변화 없이 어순에 의해 문법적 관계가 나타나는 중국어, 베트남어 등이 해당한다. 굴절어(屈折語)는 단어 자체의 형태 변화로 문법적 관계를 나타내는 영어, 독일어 등이 해당한다. 포합어(抱合語)는 문장을 구성하는 요소가 서로 얽혀 있어 전체 문장이 하나의 단어를 이루어는 것처럼 보이는 에스키모어가 해당한다. 첨가어(添加語)는 단어 형태 변화 없이 어근에 조사나 접사가 결합하여 문법적 관계를 나타내는 한국어, 일본어, 몽골어 등이 해당한다.
2) 현재의 개별 언어들이 기원적으로 같은 소수의 어족을 형성했을 것으로 가정하여, 음운, 어휘, 문법적 특징을 밝혀 언어의 친족 관계를 따지는 것이다. 계통 연구가 가장 활발히 이루어진 어족이 '인도-유럽 어족'이며, 다양한 어족이 있다.

### 3 한국어의 분화 과정

알타이 어족에 속한 한국어는 러시아 언어학자인 포페(N. Poppe)와 한국의 이기문 교수에 의해 다음의 분화 과정을 거쳐 현재에 이르렀을 것으로 추정된다.

| 알타이 祖語(共通語) | | | | |
|---|---|---|---|---|
| 추바시·튀르키예 / 蒙古·滿洲-퉁구스 祖語 | | | | 原始韓國語 |
| 추바시·튀르키예 祖語 | | 蒙古·滿洲-퉁구스 祖語 | | ↓ |
| 原始<br>추바시語 | 原始<br>튀르키예語 | 共通蒙古語 | 共通滿洲-<br>퉁구스語 | |
| 추바시語 | 튀르키예語 | 蒙古語 | 滿洲-<br>퉁구스語 | 韓國語 |

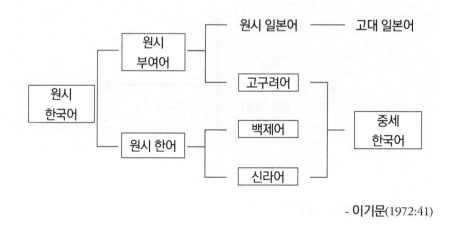

- 이기문(1972:41)

알타이 공통 조어에서 가장 먼저 분화한 언어가 한국어임을 포페의 분화설에서 확인할 수 있다. 이후 한국어는 북방의 부여어와 남방의 한어로 나뉘어져, 부여어는 고구려어로, 한어는 백제어와 신라어로 분화한 후, 신라의 삼국 통일로 경주어 중심의 언어로 통일되었다.

### ※ 알타이어의 일반적 공통점

1. 음운의 특징

모음조화 현상 / 두음 법칙 / 음절의 끝소리 규칙

2. 문법의 특징

첨가어(부착어, 교착어) / 단어의 성(性)과 격 변화 없음<br>/ 관계 대명사가 없음 / 수식어+피수식어 구조 / SOV 어순

## 4 한국어사의 시대 구분

한국어의 변천 내지 발전사는 사회적 변천과 한국어의 변화를 기준으로 나누는 것이 일반적이다. 따라서 새 왕조의 건국 같은 정치적 변화를 포함해 임진왜란의 전쟁과 한글의 창제는 한국어 변천의 중대한 사건[3]임에 틀림이 없다. 이를 기준으로 한국어의 변천 과정을 다음과 같이 구분할 수 있다.

① **고대 한국어**   삼국 시대 ~ 통일 신라 시대[4]

↓

**중세 한국어**   고려 건국 ~ 16세기(임진왜란)

② **전기**   고려 건국 ~ 훈민정음 창제 전

③ **후기**   훈민정음 창제 ~ 16세기(임진왜란)

↓

④ **근대 한국어**   17세기(임진왜란 후) ~ 19세기(갑오개혁)[5]

↓

⑤ **현대 한국어**   20세기(갑오개혁) ~ 현재

---

3) 한국어사의 시기 구분에서 고려의 건국은 기존 경주어 중심의 한국어가 개성 중심의 한국어로 변했다는 점에서 중요한 사건이다. 임진왜란은 약 7년여 간의 전쟁으로, 정치, 경제, 문화뿐만 아니라 한국어에도 많은 변화를 가져왔다. 마지막으로 훈민정음 창제가 한국어 자체의 변화를 가져오지는 않았지만, 고유 문자의 창제로 많은 한글 문헌을 간행할 수 있게 되었다는 점에서 한국어사의 중요한 기준임에 틀림없다.

4) 고대 한국어는 알타이 조어에서 먼저 분화한 이후 고구려, 백제, 신라의 삼국을 통일하여 한반도의 언어 통일이 이루어졌던 통일 신라 시대의 언어를 가리킨다.

5) 근대 한국어는 중세 한국어와 현대 한국어의 과도기에 해당한다. 임진왜란이 한국어의 변화에 직접적인 영향을 주었다기보다는 그 이전부터 진행되어 왔던 변화 양상이 전란을 거치면서 그 이전과 다른 근대적 면모를 보이고 있다는 사실이다.

# 제2장 한국어의 변화 양상

## ▮ 음운의 변화

### (1) 자음의 체계

| 고대 | ㅂㅍㅁ | ㄷㅌㅅㄴㄹ | ㅈㅊ[6] | ㄱㅋㆁ | ㅎ |
|---|---|---|---|---|---|
| 전중 | ㅂㅍㅃㅸㅁ[7] | ㄷㅌㄸㅅㅆㅿㄴㄹ | ㅈㅊㅉ | ㄱㅋㄲㆁ | ㅎㆅ |
| 후중 | ㅂㅍㅃㅸㅁ | ㄷㅌㄸㅅㅆㅿㄴㄹ | ㅈㅊㅉ | ㄱㅋㄲㆁ | ㅎㆅㅇ[8] |
| 근대 | ㅂㅍㅃㅁ | ㄷㅌㄸㅅㅆㄴㄹ | ㅈㅊㅉ | ㄱㅋㄲㅇ | ㅎ[9] |
| 현대 | ㅂㅍㅃㅁ | ㄷㅌㄸㅅㅆㄴㄹ | ㅈㅊㅉ | ㄱㅋㄲㅇ | ㅎ |

---

6) 삼국사기 권 44 '居柒夫 或云 荒宗'('거칠부'는 '황종'으로 부른다.)에서 '거칠:荒'과 '부:宗'이 대응 관계를 이룬다. '거칠'을 '荒'으로 표기한 것은 '荒'의 뜻인 <u>거칠</u>을 차자한 것이다. 따라서 고대 한국어에 격음이 이미 존재했을 것으로 추정할 수 있다.

7) 전기 중세 한국어는 된소리 계열의 등장과 유성 마찰음(ㅿ, ㅸ)의 존재가 특징적이다.

8) 후기 중세 한국어는 유성 마찰음 'ㅇ'(예 멀위, 올아)이 사용되었다.

9) 근대 한국어는 'ㅸ, ㅿ, ㆅ, ㅇ'의 소실로 현대 한국어의 체계와 동일하게 되었다.

## ※ 중세→근대 한국어의 음운 차이

|  | 중세 한국어 | | 근대 한국어 |
|---|---|---|---|
| 구개음화 | × | | ○ |
| 원순모음화 | × | | ○ |
| 전설모음화 | × | | ○ |
| 성조 표기 | ○ | | × |

**1. 구개음화**: 17세기와 18세기 교체기에 일어났다.

> 예 뎔(15c)>절>절, 디다(15c)>지다, 됴타(15c)>죠타>좋다

**2. 원순/전설 모음화**: 18세기에 일어난 음운 현상이다.

> 예 믈(15c)>물(水), 블(15c)>불(火), 플(15c)>풀(草)

> 예 슳다(15c)>싫다, 즛(15c)>짓, 츰(15c)>칡, 즁ᄉᆡᆼ(15c)>짐승

**3.** 중세 한국어에는 소리의 높낮이(고저)인 '성조'(聲調)를 표시하였다.
   ① 종류: 거성(가장 높은 소리), 상성(낮다가 높아지는 소리)
　　　　　　평성(가장 낮은 소리), 입성(빨리 끝을 닫는 소리)

거성(一點)

상성(二點) □ 입성(無, 一, 二點)

평성(無點)

   ② 기능: 의미 분화의 기능이 있었으며, '상성'은 오늘날 장음으로
　　　　　변하였다.

**4.** 중세 한국어의 'ㅂ'계 어두 자음군이 근대 한국어에서는 된소리로 바뀐다.

(2) 모음의 체계

| 고대 | ㅣ | ㅡ ㅓ ㅜ ㅗ · ㅏ | 7모음 |
|---|---|---|---|
| 전중 | ㅣ | ㅡ ㅓ ㅜ ㅗ · ㅏ | ※ 모음의 자리 이동 |
| 후중 | ㅣ | ㅡ ㅓ ㅜ ㅗ · ㅏ | ※ 모음의 자리 이동 |
| 근대 | ㅣ ㅐ ㅔ | ㅡ ㅓ ㅜ ㅗ ㅏ | 8모음 |
| 현대 | ㅣ ㅐ ㅔ ㅚ ㅟ | ㅡ ㅓ ㅜ ㅗ ㅏ | 10모음 |

① 고대 한국어와 중세(전기 및 후기) 한국어의 모음 체계는 7모음으로 동일하다. 다만, 다음과 같은 모음의 자리 이동이 순차적으로 일어난다.

| 고대 한국어 모음 | | |
|---|---|---|
| ㅣ | ㅜ | ㅗ |
| | ㅡ | · |
| | ㅓ | ㅏ |

→

| 전기 중세 한국어 모음 | | |
|---|---|---|
| ㅣ | ㅜ | ㅗ |
| | ㅓ | ㅡ · |
| | | ㅏ |

↙

| 후기 중세 한국어 모음 | | |
|---|---|---|
| ㅣ | ㅡ | ㅜ |
| | ㅓ | ㅗ |
| | ㅏ | · |

② 후기 중세 한국어 'ㆍ'의 소리 값이 소실[10]되면서 이중 모음이었던 'ㅐ, ㅔ'가 단모음화되었다.

| 후기 중세 한국어 모음 | | |
|---|---|---|
| ㅣ | ㅡ | ㅜ |
| | ㅓ | ㅗ |
| | ㅏ | ㆍ |

| 근대 한국어 모음 | | |
|---|---|---|
| ㅣ | ㅡ | ㅜ |
| ㅔ | ㅓ | ㅗ |
| ㅐ | ㅏ | |

③ 19세기 근대 한국어 시기의 'ㅚ, ㅟ'도 단모음으로 변하면서 현대 한국어의 10 모음 체계가 형성되었다.

| 근대 한국어<br>(8모음) | 전설 | 중설 | 후설 |
|---|---|---|---|
| | ㅣ | ㅡ | ㅜ |
| | ㅔ | ㅓ | ㅗ |
| | ㅐ | ㅏ | |

| 현대 한국어<br>(10모음) | 전설 | | 후설 | |
|---|---|---|---|---|
| | ㅣ | ㅟ | ㅡ | ㅜ |
| | ㅔ | ㅚ | ㅓ | ㅗ |
| | ㅐ | | ㅏ | |

---

10) 'ㆍ'는 16세기 후반 제2음절 이하에서 먼저 소실 과정을 경험한 후, 18세기 이후 어두 음절에서도 소실
(예 ᄀᆞᄉᆞᆯ > ᄀᆞ옳 > ᄀᆞ을>가을)된다.

## ② 문법의 변화

(1) 체언[11]

| | 1인칭 | 2인칭 | 3인칭 | | |
| --- | --- | --- | --- | --- | --- |
| | | | 미지칭 | 부정칭 | 재귀칭 |
| 단수 | 나 | 너, 그듸 | 누 | 아모 | 저, ᄌᆞ갸 |
| 복수 | 우리 | 너희 | - | - | 저희 |

| 양수사 | 하나ㅎ, 둘ㅎ, 세ㅎ, 네ㅎ, 열ㅎ, 여러ㅎ: 'ㅎ'종성 체언 |
| --- | --- |
| 서수사 | 하나차히, 둘차히, 세차히 … 열차히: 양수사 + 차히 |

① 중세 한국어의 체언 중, 1인칭 대명사 '나'의 낮춤말인 '저'가 출현하지 않은 점이 특징적이다. 2인칭 '그듸'는 '너'의 높임말이며, 3인칭 재귀대명사 'ᄌᆞ갸'는 현대 한국어 '당신'으로 대체되었다.

② 중세 한국어의 양수사는 현대 한국어와 유사하나 종성에 'ㅎ'을 표기하는 것이 다르며, 서수사는 다른 형태로 교체되었다.

③ 중세 한국어는 현대 한국어와 달리 체언의 형태 바꿈 현상이 일어났다.

| ㅎ 종성 체언[12] | 단독: 갈(15c)>칼(刀) |
| --- | --- |
| | 예 갈+이>갈ㅎ+이>갈히 / 갈+과>갈ㅎ+과>갈콰 |

| ㄱ 덧생김 체언 | 단독: 나모(15c)>나무(木) |
| --- | --- |
| | 예 나모+이>남+ㄱ+이>남기[13] |

---

11) 고대 한국어의 문법 형태는 한자어의 차자 표기에서밖에 확인할 수밖에 없고 그 자료 또한 매우 한정적이어서 중세 한국어 이후의 문법 변화 양상을 살피기로 한다.

12) ㅎ 종성 체언의 'ㅎ'은 근대 한국어 후기에 들어 표기에 반영하지 않는다.

13) 체언(나모)과 모음의 조사가 만나 체언의 마지막 음절 모음이 탈락한 후, 'ㄱ'이 덧붙는다.

(2) 조사

① 주격 조사

| 중세[14] | '이' | 자음으로 끝난 체언 뒤 | |
|---|---|---|---|
| | | 예 <u>나랏말쏘미</u> 中듕國귁에 달아 | : 말쏨+이 |
| | 'ㅣ' | 모음 'ㅣ'나 반모음 'ㅣ' 이외의 모음 뒤 | |
| | | 예 어린 百빅姓셩이 니르고져 홇 <u>배</u> 이셔도 | : 바+ㅣ |
| | 'ㅿ' | 모음 'ㅣ'나 반모음 'ㅣ'로 끝난 체언 뒤 | |
| | | 예 믈읫 字쭝ㅣ 모로매 어우러ᅀᅡ <u>소리</u> 이ᄂ니 | : 소리+ㅿ |

↓

| 근대 | 가 | 모음으로 끝난 체언 뒤 | |
|---|---|---|---|
| | | 예 東來가 요ᄉ이 편티 아니ᄒ시려니 | : 東來+가 |

↓

| 현대 | 이/가 | 음운론적 이형태 |
|---|---|---|

- 한국어의 주격 조사는 '이' 계열의 중세 한국어와 '가'의 근대 한국어 시기를 거쳐 현재의 모습을 완성하게 되었다.

---

14) 특수한 주격 조사로 단체 표시의 '애이셔/에이셔'(예 나라해이셔)와 높임 표시의 '끠셔, 겨오셔'(예 和平翁主끠셔, 先人겨오셔)가 있다. 현대 한국어의 '께서'는 '끠셔'의 변화형이다.

② 목적격 조사

| 중세 | '올' '을' | 자음 받침의 체언(양성/음성 모음) | |
|---|---|---|---|
| | | 예 굴허에 모롤 디내샤 도ᄌ기 다 도라가니<br>흔 點뎜을 더으면 뭇 노푼 소리오 | : 몰+올<br>: 뎜+을 |
| | '룰' '를' | 모음 받침의 체언(양성/음성 모음) | |
| | | 예 새로 스믈여듧 字쫑롤 밍ᄀ노니<br>너를 보노니 | : 쫑+롤<br>: 너+를 |

↓

| 현대 | 을/를 | 음운론적 이형태 |
|---|---|---|

- 한국어의 목적격 조사는 체언의 특징(받침의 유무와 모음조화)에 따라 여러 형태
로 사용되다가 현대에는 '을/를'로 통일되었다.


③ 관형격 조사

| 중세 | '익' '의' | 유정 명사 뒤(양성/음성 모음) | |
|---|---|---|---|
| | | 예 나빅 뒷ᄑ라미 슬프니<br>崔九(최구)의 집 알픽 몃 디월 드러뇨 | : 납+익<br>: 최구+의 |
| | 'ㅅ' | 높임/무정 명사 뒤 | |
| | | 예 岐王(기왕)ㅅ 집 안해 샹녜 보다니<br>나랏말ᄊ미 中듕國귁에 달아 | : 기왕+ㅅ<br>: 나라+ㅅ |
| | 'ㅣ' | 모음으로 끝난 특정 체언 뒤 | |
| | | 예 長者ㅣ 지븨, 내 님금 | : 장자(나)+ㅣ |

↓

| 현대 | 의 | - |
|---|---|---|

- 한국어의 관형격 조사 역시 체언의 특징(의미 특징과 모음조화)에 따라 구분되어

사용되다가 현대 한국어의 '의'로 통일되었다.


④ 부사격 조사

| 중세 | '애'<br>'에' | 양성/음성 모음의 체언 뒤 | |
| | | 예 불휘 기픈 남ᄀᆞᆫ ᄇᆞᄅᆞ매 아니 뮐씨 <u>굴허</u>에 ᄆᆞᄅᆞᆯ 디내샤 | : ᄇᆞᄅᆞᆷ+애<br>: 굴허+에 |
| | '이'<br>'의'<br>15) | 양성/음성 모음의 체언 뒤 | |
| | | 예 崔九(최구)의 집 <u>알ᄑᆡ</u> 몃 디윌 드러뇨 오늘 <u>岳陽樓(악양루)</u>의 올오라 | : 앒+ᄋᆡ<br>: 악양루+의 |

| 중세 | '예' | 'ㅣ' 모음 명사 뒤 | |
| | | 예 狄人(적인)ㅅ <u>서리</u>예 가샤 | : 서리+예 |

⬇

| 현대 | 에 | - |

- 중세 한국어의 부사격 조사는 현대 한국어와 같이 그 종류가 다양했다. '-와/과, -애/에, -이, -라와, -도곤/두곤, -ᄋᆞ론'의 비교 부사격 조사, '-애셔, -에셔, -예셔, -의셔, -이그에셔, -의그에셔'의 출발 부사격 조사, '-ᄋᆞ로/으로, -로'의 지향 부사격 조사, '-ᄋᆞ로/으로, -ᄋᆞ로뼈/으로뼈'의 도구 부사격 조사 등이 존재했다.

---

15) 중세 한국어의 조사 '이/의'는 관형격과 부사격에 두루 쓰였다. 관형어와 부사어의 특성을 고려하여 뒤에 명사가 오면 관형격으로, 용언이 오면 부사격으로 해석할 수 있다.

⑤ 서술격 조사

| | | 자음 받침의 체언 뒤 | |
|---|---|---|---|
| 중세 | '이(라)' | 예 일마다 天福(천복)이시니 | : 천복+이 |
| | '∅(라)' | (반)모음 'ㅣ' 체언 뒤 | |
| | | 예 소릭마다 교태로다 | : 교태+∅+로다 |
| | 'ㅣ(라)' | (반)모음 'ㅣ' 외의 모음 체언 뒤 | |
| | | 예 알 니 업시 호재로다 | : 호자+ㅣ+로다 |

↓

| 현대 | (이)다 | 음운론적 이형태 |
|---|---|---|

- 중세 한국어의 서술격 조사는 앞에 결합하는 체언의 끝소리에 따라 형태가 달라
진다. 현대어의 서술격 조사에서는 'ㅣ' 모음 아래에 '목소리이다', '교태이다'처럼
'이'가 출현하는 점이 중세 한국어와 다른 점이다.


⑥ 호격 조사

| | | 자음/모음의 체언 뒤 | |
|---|---|---|---|
| 중세 | '아', '야' | 예 阿難아, 阿逸多야 | : 아난+아<br>: 아일다+야 |
| | '하' | 높임 명사 뒤 | |
| | | 예 님금하 아ᄅᆞ쇼셔 | : 님금+하 |
| | '(이)여'<br>16) | 감탄의 상황 | |
| | | 예 聖女ㅣ여 | : 성녀+ㅣ여 |

↓

| 현대 | '아/야' | 음운론적 이형태 |
|---|---|---|

---

16) 현대 한국어에서는 어미 '-시-'가 결합한 '-이시여'로, 감탄의 높임 표현으로 쓰인다.

- 중세 한국어의 호격 조사는 현대어와 달리 낮춤과 높임의 호격 조사로 구분된다. 그러나 낮춤의 호격 조사는 현대어와 같다.

(3) 용언의 활용 어미
　① 객체 높임 선어말 어미[17]

| | 어간 끝 | 형태 | 어미 첫소리 | 용례 |
|---|---|---|---|---|
| 중세 | ㄱ, ㅂ, ㅅ, ㅎ | -습- | 자음 | 막습거늘 : 막+습+거늘 |
| | | -ᅀᆞ- | 모음 | 먹ᅀᆞᄫᅵ니 : 먹+습+ᄋᆞ니 |
| | ㄷ, ㅌ, ㅈ, ㅊ | -줍- | 자음 | 듣줍게 : 듣+줍+니 |
| | | -ᄌᆞ- | 모음 | 얻ᄌᆞᄫᅡ : 얻+줍+아 |

| | 어간 끝 | 형태 | 어미 첫소리 | 용례 |
|---|---|---|---|---|
| 중세 | 모음, | -ᅀᆞᆸ- | 자음 | ᄒᆞᅀᆞᆸ고 : ᄒᆞ+습+고 |
| | ㄴ, ㅁ, ㆁ, ㄹ | -ᅀᆞ- | 모음 | ᄒᆞᅀᆞᄫᅡ : ᄒᆞ+습+아 |

| 근대 | '-ᅀᆞ-/-ᄌᆞ-/-ᅀᆞᆸ-/-ᅀᆞ-' 등의 기능 상실 |
|---|---|

| 현대 | '뵙다, 드리다, 모시다' 등의 특수한 어휘를 사용하며, 현대 한국어의 '-옵-/-삽-/-사옵-/-자옵-' 등은 공손의 의미를 표현한다. |
|---|---|

---

17) 중세 한국어도 현대 한국어와 동일한 주체, 상대, 객체 높임법 체계를 갖추고 있었다. 다만, 중세 한국어의 높임법은 모두 선어말 어미를 활용하였다. 주체 높임의 선어말 어미('-시-:자음 어미 앞/-샤': 모음 어미 앞)와 상대 높임의 'ᄒᆞ쇼체(-이-:평서형/-잇-:의문형) 선어말 어미가 있었고, 'ᄒᆞ라체'는 별도의 선어말 어미가 없었다. 상대 높임법의 '하오체, 하게체'는 17세기에 '해체, 해요체'는 1930년대 형성된 것이다.

② 시제 선어말 어미

| | 종류 | 형태 | 용례 |
|---|---|---|---|
| 중세 | 현재 | -ᄂ-/-노-(-ᄂ-+-오) | 하ᄂ다 / 하노라 |
| | 과거 | -아/-어 잇->-앳-/-엣- | ᄒᆞᆫ ᄀᆞ새 닝엣고 |
| | | -더-/-다-(-더-+-오) | ᄒᆞ더라 / ᄒᆞ다라 |
| | 미래 | **-게 ᄒᆞ엿-)-게 엿-** | 살게 ᄒᆞ엿ᄂ |
| | | -리- | ᄒᆞ리라 |

↓

| | 종류 | 형태 | 용례 |
|---|---|---|---|
| 근대 | 과거 | -앗-/-엇- | 왓ᄂ다 |
| | 미래 | **-겟-** | 못ᄒᆞ겟다 ᄒᆞ시고 |

↓

| | 종류 | 형태 | 용례 |
|---|---|---|---|
| 현대 | 현재 | -ㄴ-/-는- | 간다 / 먹는다 |
| | 과거 | -았-/-었- | 갔다 / 먹었다 |
| | 미래 | **-겠-** | 가겠다 / 먹겠다 |
| | | ㅡ리ㅡ | 가리라[18] |

---

18) 중세 한국어에서 활발히 쓰였으나 현대 한국어에서는 '-겠'이 그 자리를 대신한다.

③ 특수 선어말 어미

| | 형태[19] | 기능 | 용례 |
|---|---|---|---|
| 중세 | '-오-' | 1인칭 주어 표시 | 내 … 스믈여듧 字롤 밍マ노니 岳陽樓(악양루)의 올오라[20] |
| | | 2인칭 주어의 의도 표시 | (너) 다시 모딘 안조딘 端正히 호리라 |
| | | 대상 활용(목적격 활용) | 니르고져 홇 배 이셔도 |

↓

| 근대 | 16세기부터 사라짐 |
|---|---|

④ 어말 어미

중세 한국어의 종결 어미, 연결 어미, 전성 어미[21]는 현대 한국어와 거의 유사하거나 같다. 중세 한국어의 어말 어미 중 현대 한국어와 가장 차이가 나타나는 것이 의문형 어미이다.

| | 인칭 | 의문사 | 형태 | 용례 |
|---|---|---|---|---|
| 중세 | 1/3인칭[22] | 없음 | '-ㄴ가' | 西京은 편안흔가 몯흔가 |
| | | | '-ㄹ가' | 목수미 몯 이싫가 너겨 |
| | | 있음 | '-ㄴ고' | 故園은 이제 엇더흔고 |
| | | | '-ㄹ고' | 뉘 能히 이 經을 너비 니릃고 |

---

19) 양성 모음 아래에서는 '-오-(マ르치+시+ᄂ+오+ㄴ), 음성 모음 아래에서는 '-우-'(븟+우+려), 서술격 조사 아래에서는 '-로-(책+이+로+라)로 형태 바뀜이 일어난다.

20) 어간 '오르-'에 선어말 어미 '-오-'와 종결 어미 '-라'가 결합한 구조이다. "(내가) 오늘에야 (비로소) 악양루에 오른다."의 1인칭 주어에 대한 설명이다.

21) 전성 어미 중 명사형의 경우, 중세 한국어의 '-옴/-움', '-디'에서 근대 한국어의 −기로 활용하는 예가 등장한다.

22) 해당 용례는 이관규(2002:453)를 참조하였다.

| | 인칭 | 의문사 | 형태 | 용례 |
|---|---|---|---|---|
| 중세 | 2인칭 | - | '-ㄴ다' | 네 모ᄅᆞ던다 |
| | | | '-ㄹ다' | 네 엇던 혜ᄆᆞ로 나ᄅᆞᆯ 免케 ᄒᆞᆯ다 |

↓

| 현대 | 이러한 차이가 없음 |
|---|---|

(4) 단어 형성법

　① 파생법

　　중세 한국어의 파생법[23]은 현대 한국어와 별다른 차이가 나타나지 않는다. 다만, 현대 한국어에서 볼 수 없는 파생 접미사가 보이는 특징이 있다.

### ※ 명사 파생 접미사 '-옴/-움'

| | 명사형 어미 | 명사 파생 접미사 |
|---|---|---|
| 원형 | '-옴/-움' | '-옴/-움' |

↓

| | '-옴/-움' | '-ᄋᆞᆷ/-음'(일부 '-옴/-움') |
|---|---|---|
| 중세 | 살+옴>사롬(삶)<br>얼+움>어룸(얾) | 살+ᄋᆞᆷ>사ᄅᆞᆷ(사람)　ᄌᆞ올+옴>ᄌᆞ오롬(졸음)<br>얼+음>어름(얼음)　츠+움>춤 |

↓

| | '-ᄋᆞᆷ/-음' | '-ᄋᆞᆷ/-음' |
|---|---|---|
| 근대 | | |

↓

| 현대 | '-음'(꿈을 꿈/잠을 잠)<br>※ 꿈, 잠: 파생 명사 / 꿈(꾸다), 잠(자다): 명사형 |
|---|---|

---

23) 접두 파생법에서는 어근의 의미만 제한하는 어휘적 파생법만 나타나며, 접미 파생법에서는 어휘적 파생법뿐만 아니라 통사적 파생법이 나타난다.

244  외국어로서의 한국어학의 이해
　　Understanding Korean Linguistics as a Foreign Language

결국, 현대 한국어의 명사 파생 접미사와 명사형 전성 어미는 모두 '-옴/-움'의 형태에서 '-음'의 형태로 바뀌어 온 것임을 알 수 있다.

### ※ 명사 파생 접미사 '-ᄋᆡ/의'

|  | 파생 명사 | 파생 부사 |
|---|---|---|
|  | '-ᄋᆡ/-의' | '-이' |
| 중세 | 높+ᄋᆡ>노ᄑᆡ<br>길+의>기릐 | 높+이>노피<br>길+이>기리 |
|  | ↓ |  |
|  | '-이' | '-이' |
| 현대 | 높+이>높이<br>길+이>길이 | 높+이>높이<br>길+이>길이 |

중세 한국어 시기에는 형용사의 파생 명사와 파생 부사가 구별되어 쓰였으나 현대 한국어에서는 이 둘의 구별이 사라졌다. 또한, 'ᄀᆞ물-ᄀᆞ물(다) / 신-신(다) / 깃-깃(다)' 등과 같이 특정 접미사 없이 파생되는 영(零, zero)접사 파생법이 현대 한국에서보다 더 활발하였음이 특징적이다.

② 합성법

중세 한국어의 합성법 역시 파생법과 마찬가지로 현대 한국어의 합성 원리와 큰 차이가 없다. 현대 한국어와 다른 중세 한국어 합성법의 가장 큰 특징은 다음과 같다.

1. 합성 동사

> 예 듣-보다(듣고 보다), 딕-먹다(찍어 먹다), 놀-뮈다(날아 움직이다),
> 빌-먹다(빌어먹다), 잡-쥐다[24], 죽-살다(죽고 살다) 등

2. 합성 형용사

> 예 됴-쿶다(좋고 궂다), 횩-뎍다(작고 적다), 놉-ᄂᆞᆺ갑다(높고 낮다), 어
> 위-크다(드넓고 크다) 등

## 3 어휘의 변화

(1) 한국어 어휘 형성의 과정

제1장 언어의 일반적 특징에서 살핀 것처럼 언어는 생성, 성장, 소멸의 역사적 과정을 거친다. 음운, 문법은 물론이며 특히 어휘는 그 변화의 폭과 범위가 훨씬 광범위하다. 한국어 어휘 변천을 이해하기 위해서 한국어의 발전사별 어휘 형성의 과정을 살필 필요가 있다.

### 고대 한국어

한자어 도입 이전 한민족은 고유어를 사용하였다. 그 후, 한자의 유입으로 인명 및 지명이 한자어로 바뀌는 등 우리말 어휘 체계에 한자어가 차지하는 비중이 점차 커지면서 쓰임이 확대되었다.

---

24) '잡쥐다'는 "잡다"와 "쥐다"의 어간끼리 결합한 단어로, 현재도 사용 중이다.

## 중세 한국어

1. 고대 한국어 이후, 지속적인 한자어의 도입이 고유어의 공백을 메우는 긍정적인 면도 분명 있다. 그런 반면 한자어와 고유어의 대립 구도 속에서 의미가 바뀌거나 소멸하는 고유어 또한 많았다.

 '온:백, 즈믄:천, ᄀᆞᄅᆞᆷ:강, 미르:용, 하-:많다, ᄂᆞᆺ곳:안색, ᄀᆞᄅᆞ비:안개비' 등

2. 이웃 나라와의 접촉 과정에서 몽골어, 만주어, 여진어 등이 차용되었다.

　　　예 몽골어: 가라말, 보라매, 송골매, 수라 / 만주어: 투먼(두만)

↓

## 근대 한국어

1. 중세 한국어의 고유어가 한자어로 대체되는 가운데 근대의 역사적 상황에 서양 문물을 가리키는 한자식 외래어가 유입되기 시작하였다.

 '자명종:自鳴鐘, 천리경: 千里鏡' 등

2. 서양이나 일본과 접촉을 통한 차용어가 유입되기 시작한 점도 이 시기의 중요한 어휘적 특징이다.

↓

## 현대 한국어

현대 한국어 어휘는 직전 시기의 어휘 양상이 지속되면서 20세기 이후부터는 영어 등 서양어의 차용어가 증가하는 점이 특징적이다.

(2) 한국어 어휘 변화의 양상

어휘 변화의 양상은 두 가지 측면에서 확인할 수 있다. 첫째는 형태의 변화이고, 둘째는 의미의 변화를 들 수 있다.

[훈민정음(15c)]

나랏 말ᄊᆞ미 中듕國귁에 달아 文문子ᄍᆞ와로 ㉠서르 ᄉᆞᄆᆞᆺ디 아니ᄒᆞᆯᄊᆡ 이런 젼ᄎᆞ로 ①어린 百ᄇᆡᆨ姓셩이 니르고져 ᄒᆞᇙ배 이셔도 ᄆᆞᄎᆞᆷ내 제 ㉡ᄠᅳ들 시러 펴디 몯ᄒᆞᇙ 노미 ②하니라 내 이를 爲윙ᄒᆞ야 ③어엿비 너겨 새로 스믈여듧 字ᄍᆞ를 ㉢ᄆᆡᇰᄀᆞ노니 사ᄅᆞᆷ마다 ᄒᆡᅇᅧ 수ᄫᅵ 니겨 날로 ᄡᅮ메 便뼌安한킈 ᄒᆞ고져 ᄒᆞᇙ ᄯᆞᄅᆞ미니라.

[현대어 풀이]

우리나라의 말이 중국과 달라 문자와 ㉠서로 통하지 아니하여서 이런 까닭으로 ①어리석은 백성이 말하고자 하는 바가 있어도 마침내 제 ㉡뜻을 능히 펴지 못하는 사람이 ②많다. 내가 이것을 위하여 ③가없게 여겨 새로 스물여덟 자를 ㉢만드니, 사람들로 하여금 쉽게 익혀 날마다 쓰는 데 편하게 할 따름이다.

↓

| 형태<br>변화 | ㉠ | ㉡ | ㉢ |
| --- | --- | --- | --- |
| 의미<br>변화 | ① | ② | ③ |

# 제3장 훈민정음과 표기법의 변천

## ① 훈민정음의 제자 원리

(1) 상형(象形)의 원리

훈민정음 28자는 각각 그 모양을 본떠서 만들었다.

↓

초성(자음)의 기본자        중성(모음)의 기본자

↓                      ↓

① ㄱ : 혀뿌리가 목구멍을 막는 모양     ① ㆍ : 하늘의 둥근 모양

② ㄴ : 혀끝이 윗잇몸을 붙는 모양

③ ㅁ : 입의 모양                  ② ㅡ : 땅의 평평한 모양

④ ㅅ : 이의 모양

⑤ ㅇ : 목구멍의 모양             ③ ㅣ : 사람이 서 있는 모양

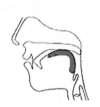

ㄱ.(혀뿌리가 목구멍을 막는 모양)

ㄴ.(혀끝이 윗잇몸에 닿는 모양)

– 국립국어원, '알고 싶은 한글'

    한글의 원형인 훈민정음은 발음 기관의 모양과 하늘, 땅, 사람의 삼재를 상형하여 기본 글자를 만들었다.

## (2) 초성의 제자 원리

**5개의 기본자에 획을 더하여 강한 소리를 내는 자음을 만들었다.**

↓

| 기본자 | | 가획자 | | 가획자 |
|---|---|---|---|---|
| ㄱ | → | ㅋ | | |
| ㄴ | → | ㄷ | → | ㅌ |
| ㅁ | → | ㅂ | → | ㅍ |
| ㅅ | → | ㅈ | → | ㅊ |
| ㅇ | → | (ㆆ) | → | ㅎ |

나머지 자음들은 5개의 자음 기본자에 소리의 유사성 및 강약을 고려하여 획을 더하는 방식으로 제자[25]하였다.

## (3) 중성의 제자 원리

**3개의 기본자를 서로 결합하여 글자를 만들었다.**

↓

| 기본자 | 초출자 | 재출자 |
|---|---|---|
| · ㅡ ㅣ | ㅗ ㅏ ㅜ ㅓ | ㅛ ㅑ ㅠ ㅕ |

↓

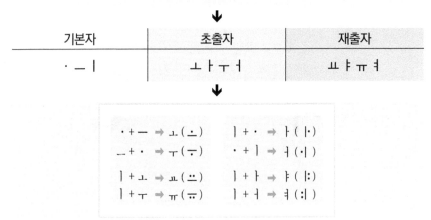

$$
\begin{aligned}
&·+ㅡ \Rightarrow ㅗ\,(ㅗ) &&ㅣ+· \Rightarrow ㅏ\,(ㅏ)\\
&ㅡ+· \Rightarrow ㅜ\,(ㅜ) &&·+ㅣ \Rightarrow ㅓ\,(ㅓ)\\
\\
&ㅣ+ㅗ \Rightarrow ㅛ\,(ㅛ) &&ㅣ+ㅏ \Rightarrow ㅑ\,(ㅑ)\\
&ㅣ+ㅜ \Rightarrow ㅠ\,(ㅠ) &&ㅣ+ㅓ \Rightarrow ㅕ\,(ㅕ)
\end{aligned}
$$

나머지 모음들은 3개의 기본자끼리 조합하여 '초출자'를 만들었으며, 여기에 'ㅣ'모

---

25) 획을 더해 더 강한 소리임을 나타내는 가획의 의미가 없는 'ㆁ, ㄹ, ㅿ'을 '이체자(異體字)'라 한다.

음을 다시 합성하여 재출자를 만들었다.


(4) 종성의 제자 원리

종성은 새로 만들지 않고 초성의 글자를 다시 쓴다.

↓

종성부용초성(終聲復用初聲)[26]


## ② 훈민정음의 표기법

(1) 종성 표기법

| | | |
|---|---|---|
| 원칙 | 종성부용초성<br>(초성의 모든 글자를 종성에 사용할 수 있다.) | |
| 허용 | 然ㄱㆁㄷㄴㅂㅁㅅㄹ八字可足用也<br>(종성에 'ㄱ, ㆁ, ㄷ, ㄴ, ㅂ, ㅁ, ㅅ, ㄹ' 8자만 사용해도 족하다.) | |

↓

| 용례 | 원칙 | 깊고, 곶(꽃), 빛나시니이다 |
|---|---|---|
| | 허용 | 깁고, 곳(꽃), 빗나시니이다 |

훈민정음 창제 당시, 두 가지 종성 표기법 중 발음의 편의를 위해 허용 예가 더 널리 사용되었다. 그 후, 영·정조 시기에 'ㄷ'이 'ㅅ'으로 표기가 바뀌어 7종성법으로 바뀌게 된다.


| 18세기 | ㄱ, ㄴ, ㄹ, ㅁ, ㅂ, ㅅ, ㅇ(ㄷ→ㅅ)<br>예 믿고, 벋, 붇(15c) → 밋고, 벗, 붓(18c) |
|---|---|

---

26) 종성의 제자원리이면서 동시에 종성의 표기법을 나타내는 규정이다.

그러나 1933년 한글 맞춤법 통일안에서는 다시 규정이 바뀌면서 발음과 표기의 측면에서 구분해 이해해야 한다.

| 1933년 | 표기 | 종성부용초성 |
|---|---|---|
| | 발음 | 7 대표음(ㄱ, ㄴ, ㄷ, ㄹ, ㅁ, ㅂ, ㅇ) |

(2) 형태소 경계의 종성 표기법

체언과 조사 그리고 용언의 어간과 어미 등 실질 형태소에 형식 형태소가 결합할 때, 체언과 용언 어간의 받침을 표기하는 방법은 3가지이다. 한국어의 역사적 변천 과정에 따라 '연철(連綴)-중철(中綴)-분철(分綴)'로 변하였다.

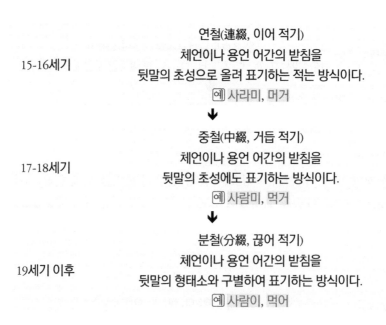

| 15-16세기 | 연철(連綴, 이어 적기)<br>체언이나 용언 어간의 받침을<br>뒷말의 초성으로 올려 표기하는 적는 방식이다.<br>예 사라미, 머거 |
|---|---|
| 17-18세기 | 중철(中綴, 거듭 적기)<br>체언이나 용언 어간의 받침을<br>뒷말의 초성에도 표기하는 방식이다.<br>예 사람미, 먹거 |
| 19세기 이후 | 분철(分綴, 끊어 적기)<br>체언이나 용언 어간의 받침을<br>뒷말의 형태소와 구별하여 표기하는 방식이다.<br>예 사람이, 먹어 |

## ③ 고대 한국어의 표기법

### (1) 차자 표기법의 개념

음성 언어인 한국어와 달리 문자 언어가 없었던 시절 한민족은 중국의 한자나 한문을 이용한 문자 생활을 할 수밖에 없었다. 그 결과 고대 한국어의 모습을 확인할 수 있는 언어적 자료는 모두 한자로 이루어져 있다. 이처럼 한자의 음(音)과 훈(訓)을 빌려 표기하는 방식을 '차자 표기법'이라 한다.

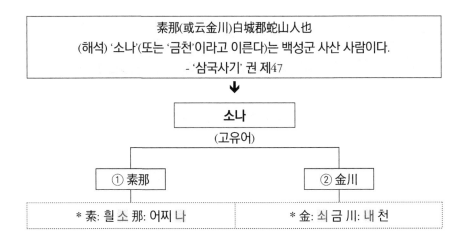

'소나'는 '素那'와 '金川'으로 표기한다. '素那(소나)'로 표기한 것은 소리를 빌린 표기이다. 반면 '金川(소나)'은 한자어의 소리가 관련이 없다. '소나'와 '金川'의 소리(금천)가 대응하지 않기 때문이다. 따라서 '金川'은 한자어의 뜻을 빌린 표기임을 알 수 있다. 즉, '쇠내', '쇠나', '소나' 등으로 읽힌다.

### (2) 차자 표기법의 변화

차자 표기법은 비록 중국의 한자를 이용한 표기법이었지만 중국어의 문장 구조를 그대로 따르지 않았다. 한국어의 문장 구조에 맞는 표기 방법으로 발전하며 종합적인 표기 체계를 완성하기에 이르게 된다.

| | |
|---|---|
| 서기체 표기 | 임신년(壬申年) 6월 16일 두 사람이 함께 맹서하여 기록한다.<br>→ 壬申年六月十六日 二人幷誓記<br><br>우리말의 어순에 따라 한자를 나열한 표기 방식으로,<br>'조사'나 '어미' 등의 형식 형태소는 표기하지 않았다. |

| | |
|---|---|
| 이두 표기 | 첫 번째는 은혜로우신 아버지를 위하며<br>→ 第一恩賜(-시-)父爲內彌(위하며)<br><br>우리말의 어순에 따라 '조사'나 '어미' 등의 형식 형태소를 표기하기<br>시작하였다. |

| | |
|---|---|
| 구결 표기 | 원문: 學而時習之 不亦悅乎(학이시습지 불역열호)<br>구결문: 學而時習之面 不亦悅乎牙(학이시습지면 불역열호아)<br><br>한문을 읽을 때 그 뜻이나 독송을 위해 각 구절 아래에 달아 놓은<br>표기로, 넓은 의미의 이두에 포함된다.[27] |

| | | |
|---|---|---|
| 향찰 표기 | 선화공주니믄<br>눔그ᅀᅳ지 얼어두고<br>맛둥바ᅇᆞᆯ<br>바ᄆᆡ 몰 안고가다 | 善化公主主隱<br>他密只嫁良置古<br>薯童房乙<br>夜矣卯乙抱遣去如. |

\* 密: 그윽할 밀, 嫁: 시집갈[28] 가

한자어를 차용한 종합적 표기 체계로, 우리말의 실질적 의미
부분은 한자어의 훈을 이용해 표기하고, 조사나 어미 등의 문법적
의미 부분은 한자어의 음을 이용하여 표기하였다.

　한자어의 음과 훈을 이용한 고대 한국어의 표기법은 '서기체' 표기에 이어 '이두'
(吏讀) 표기 그리고 '향찰'(鄕札) 표기에 이르러 완성되었다.

---

27) 본문에서처럼 한자를 차용해 표기하기도 하지만 "國之語音이 異乎中國ᄒᆞ야…"와 같이 고유어를 사용
한 표기 방식도 있다.
28) 오늘날 '시집가다'는 고대 한국어의 '얼다'에 해당한다.

# 제XII부 한국어 교육 정책

# 제1장 언어와 교육

## ◩ 언어 교육의 이해

　인간의 모든 일상은 소통으로 이루어지며, 그 소통의 중요한 수단 내지 도구는 언어이다. 그리고 언어활동에 의한 소통은 크게 두 가지, 즉 개인적 측면과 사회·문화적 측면으로 나타난다.

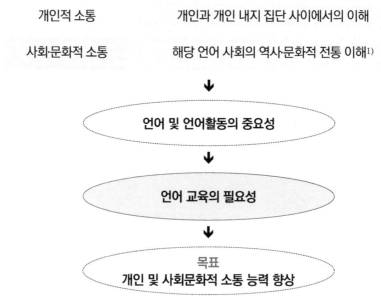

개인적 소통　　　　　개인과 개인 내지 집단 사이에서의 이해

사회·문화적 소통　　　해당 언어 사회의 역사·문화적 전통 이해[1]

언어 및 언어활동의 중요성

언어 교육의 필요성

목표
개인 및 사회문화적 소통 능력 향상

---

[1] 한 민족이나 사회가 같은 언어를 사용하면 사회 구성원의 통합뿐만 아니라 다른 사회나 민족과 구별되는 중요한 특징이 되기도 한다.

## ② 언어 교육과 정책

언어 교육의 목표, 즉 개인 및 사회문화적 소통 역량을 키워 원활한 언어생활을 하게 하기 위한 국가의 역할은 무엇일까? 국가가 특정한 목적을 실현하기 위해 행하는 모든 행정 행위를 '정책(政策)'[2]이라 한다. 따라서 국가는 언어 교육의 목표를 달성하기 위한 정책을 여러 변인을 고려하여 적극적으로 펼쳐야 한다.

| 학습자 | 학습의 대상자 또는 학습의 목적에 따라 언어 교육 정책을 세분화해야 한다. |
| --- | --- |

```
                국어 교육 정책        한국어 교육 정책
```

| 교사 | 지식과 능력, 수업 설계 능력, 수업 실천 능력 등을 갖춘 교사의 양성 과정 정책을 구체화해야 한다. |
| --- | --- |
| 교육과정 교과서 | 교육을 효율적으로 하기 위한 공통 교육과정의 개발, 운영, 평가 활동을 수립해야 한다. 그리고 이를 구체적으로 구현할 수 있는 다양한 교과서 또는 교재 개발 계획도 세워야 한다. |
| 사회 요인 | 저출산 현상이나 다문화 가정 등과 같은 사회적 요인에 의한 사회 구성원의 변화 등을 감안해야 한다. |
| 경제 요인 | 모든 정책은 재정적 지원을 바탕으로 한다. 가용할 수 있는 재정적 범위 내에서 정책이 결정되어야 한다. |

---

2) 법률 제정, 제도 정비, 과제 수립 및 추진, 과제 평가 등의 다양한 활동이 포함된다.

# 제2장 국어 및 국어과 교육

## ▮ 국어 및 국어과 교육의 관계

'국어'의 사전적 정의에 따르면, 이는 보통 명사('한 나라의 국민이 쓰는 말')와 고유 명사('한국어를 우리나라 사람이 이르는 말')의 의미를 지니고 있다. 따라서 한국인에게 '국어', '국어 교육', '국어과 교육' 등의 '국어'는 모두 한국어를 지시한다. 그 결과 '국어 교육'을 '국어과 교육'이라고도 한다. 하지만 두 개념 사이에는 다음과 같이 미세한 차이가 나타난다.

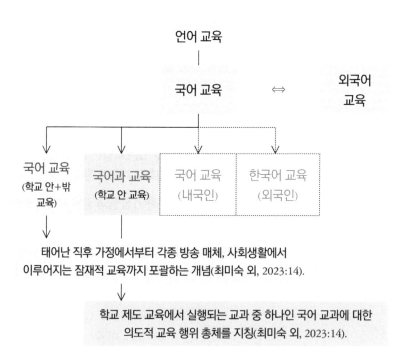

## 2 국어과 교육의 성격

(1) 국어과 교육은 학교 내에서 이루어지는 의도적, 계획적 교육이다.

국어 교육은 인간의 언어 사용 기능의 신장을 목표로 한다. 따라서 학교는 물론이고 가정, 사회생활에서 의도적, 계획적 또는 무의도적, 비계획적으로 이루어진다. 그러나 국어과 교육은 다른 교과와 구별되는 언어, 문법, 문학 등의 지식과 기능, 태도를 익히는 것을 목표로 한다. 따라서 일정 기간 동안 학교에서 의도적, 계획적으로 이루어진다.

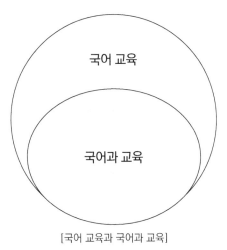

[국어 교육과 국어과 교육]

(2) 국어과 교육은 사고력 향상과 언어 지식 습득으로 소통 역량을 키우고 올바른 가치관을 형성하는 교육이다.

국어과는 일차적으로 언어 소통 기능을 신장시키고자 하는 교과이다. '말하기-듣기, 읽기-쓰기'의 교과 영역이 이를 위한 것이다. '말하기-쓰기'는 사고와 언어 표현, '듣기-읽기'는 언어 표현과 사고의 과정을 이해하는 고등 정신 기능을 익히게 한다. 그리고 일상의 언어생활에서 정확한 표현과 이해를 위해서는 언어와 국어에 대한 체계적인 지식이 필요하다.

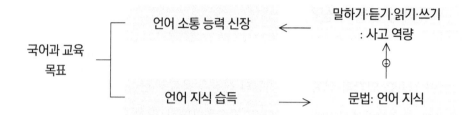

국어과는 언어가 담아내는 심미적·문화적·윤리적·사회적·정치적 가치를 경험하게 하여 인간의 삶을 총체적으로 이해하게 함으로써 개개인의 인생관과 세계관 형성에 도움이 되도록 한다. 이러한 국어과 교육의 목표를 달성하기 위해 문학 작품의 감상과 이해의 기회 및 그에 필요한 지식을 제공한다.

국어과 교육 목표 ⟶ 올바른 가치관 형성 ⟵ 문학: 다양한 삶의 이해

(3) 국어과 교육은 '언어' 자체가 수단이자 목표인 교육이다.[3]

국어과는 언어를 수단으로 한다는 점에서 다른 교과와 일치한다. 그러나 언어를 학습 대상으로 삼는다는 점에서 다른 교과와 구별되는 특수성을 지닌다.

---

[3] 모든 교과 교육에서 언어(국어)를 도구화한다는 점에서 국어 교육은 범교과적인 능력을 획득하게 한다. 인간의 모든 지식은 언어활동을 통해 체계화되기 때문에 언어를 목표로 하는 국어 교육의 능력이 다른 교과의 학업 성취도에 많은 영향을 주는 것이다.

# ③ 국어과 교육과정과 교과서

국어과 교사가 교수·학습을 계획, 실행, 평가할 때 그 준거로 삼는 것이 바로 국어과 교육과정이다. 그리고 그 교육과정을 바탕으로 개발되는 것이 교과서이다. 따라서 교사는 좋은 수업을 위해 교육과정과 교과서의 내용 및 구성 체계 등을 충분히 이해하고 있어야 한다.

## (1) 교육과정의 이해

교육과정(curriculum)은 '경주마가 달리는 길' 또는 '경주'를 뜻하는 라틴어에서 유래하여, 다양한 개념으로 정의되어 왔다.

| | |
|---|---|
| 협의의 개념 | 학교에서 수업 시간에 교수·학습해야 할 교과 내용. |
| 광의의 개념 | 일정한 교육목적이나 목표를 달성하기 위한 학교 안팎의 계획된 모든 실제 경험 활동 및 학습 결과. |

### ① 교육과정 활동

교육과정을 개발, 운영, 평가하는 것을 교육과정 활동이라 한다. 이 활동의 주체가 누구냐에 따라 다음과 같이 교육과정이 세분화된다.

| 국가 수준의 교육과정 개념 | | 지역 수준의 교육과정 개념 | | 학교 수준의 교육과정 개념 | | 교사 수준의 교육과정 개념 |
|---|---|---|---|---|---|---|
| 전국 공통 일반 기준 | → | 지역 특성 반영 | → | 학교/학생 특성 반영 | → | 학교/교실 특성 반영 |

② 교육과정 변천

학교 교육에 관한 전국 공통의 기준이 되는 국가 수준의 국어과 교육과정은 시대의 흐름과 사회의 변화 그리고 교육 이론의 발전, 기존 교육과정에 대한 평가에 따라 다음과 같은 변화를 거쳐 왔다.

| 교수 요목기(1946년) | 제1차 교육과정(1955년) |
| | 제2차 교육과정(1963년) |
| | 제3차 교육과정(1973년) |
| ↓ | |
| 경험주의 | 경험주의(언어 기능 신장) |
| 초: 읽기, 듣기, 말하기, 짓기, 쓰기 | |
| 중·고: 읽기, 말하기, 짓기, 쓰기, 문법, 국문학사 | 말하기, 듣기, 읽기, 쓰기 |
| 제4차 교육과정(1981년) | 제5차 교육과정(1987년) (상세화) ↓ (위계화) 제6차 교육과정(1992년) |
| ↓ | |
| 학문 중심(수사학, 언어학, 문학) | 언어 기능 신장(기능 중심 교과) |
| 표현·이해, 언어, 문학 | 말하기, 듣기, 읽기, 쓰기, 언어, 문학 |
| 제7차 교육과정(1997년) | 2007 개정 교육과정 |
| ↓ | |
| 국민 공통 교육과정(1~10학년) 각 학년별 교육 내용 제시 | 교육과정 수시 개정 정책 도입 |
| 말하기, 듣기, 읽기, 쓰기, **국어 지식**, 문학 | 말하기, 듣기, 읽기, 쓰기, **문법**, 문학 선택 과목: 매체 언어 신설 |
| 2009 개정 교육과정(2011년) | 2015 개정 교육과정 |
| ↓ | |
| 국민 공통 교육과정(1~9학년) 각 학년군별 교육 내용 제시 | 핵심 역량4) 함양 교육 선택 과목 체계 변화: 일반, 진로 |
| 듣기·말하기, 읽기, 쓰기, 문법, 문학 | 듣기·말하기, 읽기, 쓰기, 문법, 문학 |

↓
2022 개정 교육과정

**역량 함양 교육 + 학습자 주도성**

· 비판적·창의적 사고 역량, **디지털·미디어 역량**(←자료·정보 활용 역량), 의사소통 역량, 공동체·대인 관계 역량, 문화 향유 역량, 자기 성찰·계발 역량

* 2015 교육과정과 달리 전통적인 인쇄 매체뿐만 아니라 영상, 인터넷 등과 같은 디지털 다매체 시대에 대응할 수 있는 새로운 역량을 강조.

· 선택 과목 체계 변화: 일반, 진로, 융합

· 영역별 성취기준 변화: '지식·이해', '과정·기능', '가치·태도'의 두 가지 이상을 결합

예 듣기·말하기: 대화[지식·이해]에서 생략된 내용을 추론[과정·기능]하며 듣는다.

· 듣기·말하기, 읽기, 쓰기, 문법, 문학 + 매체

(2) 교과서의 이해

교과서는 "학교에서 교과 과정에 따라 주된 교재로 사용하기 위하여 편찬한 책"이다. 국가 수준의 교육과정을 교수·학습 자료 수준으로 구체화한 텍스트로, 교육과정에 제시된 목표를 수업에서 실행할 수 있게 도와주는 도구이다.

① 교과서의 기능

교과서는 <그림>과 같이 학습자와 교사 그리고 교실 수업 환경, 교육과정, 사회·정치·문화와 밀접한 관련을 지니고 있다.

---

4) '비판적·창의적 사고 역량, 자료·정보 활용 역량, 의사소통 역량, 공동체·대인 관계 역량, 문화 향유 역량, 자기 성찰·계발 역량'이 국어과 교과 역량이다.

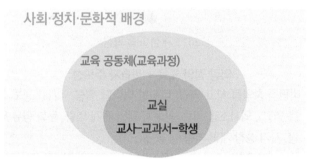

〈그림: 교과서의 위상〉, 정혜승(2005:338~339)

| 학습자 | 학습자가 배워야 할 교과 내용과 학습 방법을 알려 준다. |
|---|---|
| ↓ | |
| 교실환경 | 교실에서 교수·학습의 매개체로, 제2의 교사로 기능한다. |
| ↓ | |
| 교사 | 교사가 가르쳐야 할 학습 내용과 평가의 기준을 제공한다. |
| 교육 공동체 (교육과정) | 교육 공동체(국가 수준의 교육과정)의 가치와 신념을 담는다. 따라서 저자의 (국어) 교육관, 학습자관, 언어관 등에 따라 다양성을 드러낸다. |
| 사회·정치·문화 공동체 | 교과서는 우리 언어문화를 이해하고 소통, 생산하는 능력을 익히게 하여 학습자를 우리 사회가 지향하는 가치를 습득하게 한다. |

② 교과서의 구성 체계

교과서는 교육과정과 그 교육과정을 실현하기 위한 학습 내용으로 구성된다. 그 학습 내용은 계층적 구조의 단원 구성 요소로 제시된다.

[단원 구성 요소]

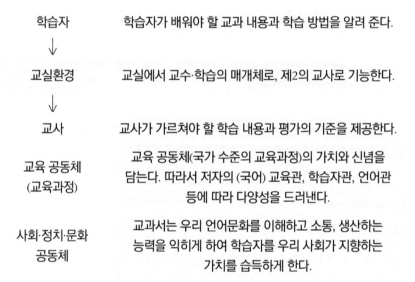

학습 동기 유발       학습 목표 달성       단원 학습 마무리
단원 학습 목표 안내       학습 활동

[단원 구성 요소5)]

| 도입 | → | 이해 학습 | → | 적용 학습 | → | 정리 학습 |

| 단원명 | 차시 목표 | | 정리 |
| 문제 상황 | 이해 학습 활동 | 학습 목표 | 평가 |
| 단원 학습 목표 | (지식, 기능, 맥락) | 적용 학습 활동 | 실천 |

## 4 국어과 교수·학습 모형

효율적인 수업을 위해 교사는 학습 목표와 내용 선정, 교수·학습 모형 및 절차 계획, 교수·학습 활동 계획, 학습 자료 및 매체 활용에 대한 계획, 학생 평가 계획을 마련해야 한다. 특히, 교사와 학생 그리고 학습 목표, 상황 등의 변인을 고려하여 수업 모형을 선택, 개발하는 능력은 교사의 가장 기본적인 자질 중 하나이다.

(1) 직접 교수법
  ① 개념: 듣기·말하기, 읽기, 쓰기의 원리 학습이나 인지적 기능 및 전략을 가르칠 때 효과적이다. 수업 내용을 세부적으로 나눈 후, 이를 순차적으로 익히는 교수·학습 방법이다. 교사는 직접적, 명시적 설명으로 기능이나 전략 활용 능력이 학생들에게 잘 이양될 수 있도록 전달해야 한다.

  ② 절차:   설명   →   시범   →   질문/대답   →   준비 활동   →   독립 활동

---

5) 교과서 단원을 구성하는 요소들은 교수·학습이 원활하도록 교수·학습 방법의 원리에 따라 체계적으로 배열되어야 한다.

(2) 문제 해결 학습법

　① 개념: 지식이나 개념 또는 탐구 활동을 통한 기능이나 전략을 가르칠 때 효과
　　　　　적이다. 학생들이 문제 해결의 결과에 도달하는 과정을 중시하는 교수·
　　　　　학습 방법이다. 교사는 학생들이 분석, 비판, 종합의 고차원적 인지 능
　　　　　력을 함양하고 문제 해결의 지식, 개념을 이해할 수 있도록 해야 한다.

| 문제 확인 | → | 문제 해결 방안 탐구 | → | 문제 해결 | → | 일반화 | → | 정리 |
|---|---|---|---|---|---|---|---|---|

　② 절차:

(3) 창의성 계발 학습법

　① 개념: 문학 작품의 주인공이나 주제에 대한 이야기 또는 말하기, 쓰기 활동에
　　　　　서 아이디어를 산출할 때 효과적이다. 창의적인 국어 사용 능력(사고
　　　　　의 독창성, 다양성, 유창성, 융통성 등)을 강조하는 교수·학습 방법이
　　　　　다. 교사는 학생들에게 한 가지 정답만 요구하지 말고 문제 해결의 다
　　　　　양한 방안을 모색하도록 지도해야 한다.

| 문제 발견 | → | 아이디어 생성 | → | 아이디어 평가 | → | 아이디어 적용 | → | 평가 및 정리 |
|---|---|---|---|---|---|---|---|---|

　② 절차:

(4) 반응 중심 학습법

　① 개념: '수용/반응' 이론에 근거하여, 문학 작품 감상에서 학습자의 반응을 존
　　　　　중하는 교수·학습 방법이다. 교사는 학생의 반응이 왜곡되지 않도록
　　　　　다른 동료와 토의를 통해 일반적 반응에 도달하도록 지도해야 한다.

| 반응 준비 | → | 반응 형성 | → | 반응 명료화 | → | 반응 심화 |
|---|---|---|---|---|---|---|

　② 절차:

(5) 지식 탐구 학습법

　① 개념: 언어 기능 지식, 문법 지식, 문학 지식의 학습에 효과적이다. 어떤 문제
　　　　　를 해결하기 위한 학생들의 능동적인 탐구 행위를 자극하는 교수·학습

방법이다. 교사는 학생이 다양한 사례를 검토·분석·비판하고 결론을
도출할 수 있도록 도와주고 안내해 주어야 한다.

② 절차:　**문제 확인**　→　**자료 탐색**　→　**지식 발견**　→　**지식 적용**

(6) 역할 수행 학습법

① 개념: 구체적이고 맥락적인 상황에서의 통합적 언어활동이 요구되는 학습에
효과적이다. 학습자의 실제 언어 수행이 학습 목표 달성으로 이어지게
하는 교수·학습 방법이다. 교사는 학생이 학습 목표를 인식하고, 그 역
할을 적극적으로 수행하도록 한 후, 목표를 성취했는지 점검해야 한다.

② 절차:　**상황 설정**　→　**준비, 연습**　→　**실현**　→　**평가**

(7) 가치 탐구 학습법

① 개념: 글을 읽고 비교, 분석하거나 주장하는 글쓰기, 문학 작품의 가치 분석 및
재해석, 바람직한 국어 사용 태도나 문화 탐구 등의 학습에 효과적이다.
학습자가 언어에 내재된 가치를 발견, 분석, 재해석하는 능동적 교수·학
습 방법이다. 교사는 학습자가 다양한 가치를 비교, 검토하고 자신만의
가치를 새롭게 재구성할 수 있도록 보장하고 유도해야 한다.[6]

② 절차:　**문제 분석**　→　**가치 확인**　→　**가치 평가**　→　**가치 일반화**

(8) 토의·토론 학습법

① 개념: 특정 문제의 해결 방안을 찾거나 태도 변화를 요하는 모든 교과, 특히
듣기·말하기 영역의 토의 및 토론 수업에 효과적이다. 공통 주제를 논
의하거나 문제를 해결하기 위해 일정한 규칙과 절차에 따라 학생들이
대화를 나누는 교수·학습 방법이다. 교사는 학생들이 능동적인 토의·토

---

6) 최미숙 외, 『국어 교육의 이해』, 2024, 105쪽.

론을 통해 고차원적인 인지 능력을 기를 수 있도록 자유로운 수업 분위기를 조성해야 한다.

② 절차: 주제 확인 → 토의·토론 준비 → 토의·토론 → 정리 및 평가

이 외에도 정보 통신 기술을 활용하는 'ICT'(Information and Communication Technology) 활용법과 특정 주제를 맡은 학습자들끼리 모여 주제를 깊이 있게 연구한 다음, 원래의 집단으로 돌아가 서로 가르치는 '전문가 협동 학습법'이 있다. 그리고 학습자의 특성을 고려하여 각각의 학습자에게 최적의 학습 환경을 조성해 주며, 수업의 모든 요소를 학습자의 특성에 알맞게 조정하는 '개별화 학습법'[7)]이 있다.

---

7) 수준별 교육 과정이나 능력별 학습 집단 편성, 학습자의 개인차와 학업 적성에 맞는 학습 환경 구성 등의 방법이 있다. 이 학습법은 심화형 학습이나 보충형 학습에 효과적이다.

# 제3장 한국어 교육

## 1 한국어 교육의 개념 및 범위

한국에서의 '국어 교육'과 '한국어 교육'은 비슷하면서도 다른 교육이다. 아래 개념을 통해 그 공통점과 차이점을 확인해 보기로 하자.

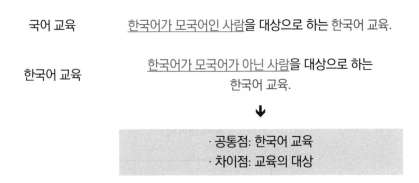

그럼, 한국어가 모국어가 아닌 사람은 누구일까? 지금까지 한국어 교육의 주 대상자는 외국 국적의 외국인이었다. 그러나 최근 다문화 사회로 접어들면서 이주 배경의 다문화 학습자가 증가하면서 이들을 대상으로 한 한국어 교육이 실시되고 있다. 따라서 한국어 교육은 다음과 같이 두 가지 양상으로 나타난다.

이와 같이 학교 교육으로서의 국어 교육은 한국어 교육(제2언어로서의 한국어 교육+외국어로서의 한국어 교육)이 개입될 여지 없이 초·중·고등학교 학교급별로 모국어 교육에만 집중해 왔다. 그러나 이제 다문화 가정의 학생들이 학교라는 공교육 시스템 안에서 교육을 받게 된 이상 이들에게 시급한 당면 문제인 한국어를 가르치는 일은 국어 교육이 담당하지 않으면 안 되게 되었다. 국어 교육은 한국어라는 단일 언어를 모국어로 하는 학습자만을 대상으로 하던 민족어 교육으로부터 다문화, 다언어를 배경으로 하는 다문화 언어 공동체 안에서 다양한 배경을 지닌 이주 배경 학생의 문식력을 길러 주는 제2언어로서의 한국어 교육으로까지 그 외연을 넓히게 된 것이다(최미숙 외, 2024:494~495).

**※ 국어 교육의 외연 확장과 한국어 교육**

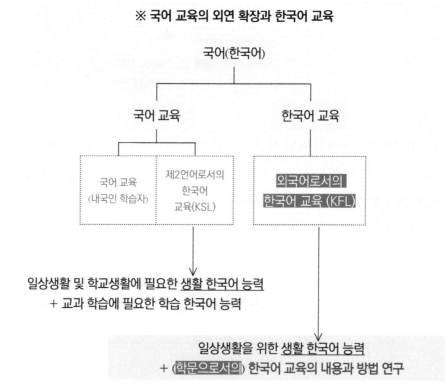

## 2 한국어 교육의 현황

한국어 교육은 1959년 연세대학교 한국어학당을 시작으로 1988년 올림픽 대회의 개최와 한국의 경제 성장으로 전환기를 맞았다. 그 후, 2002년 한·일 월드컵 개최와 K-드라마, 음악, 음식 등 한류 문화의 확산은 한국과 한국문화에 대한 세계인의 관심을 끌었다. 이로 인해 자국에서 또는 한국에서 한국어와 한국문화를 배우려는 다양한 목적의 학습자가 증가해 현재에 이르렀다. 국내·외 한국어 교육기관과 학습자 및 한국어 능력 시험과 한국어 교원 자격 제도에 집중하기로 한다.


(1) 한국어 교육기관 및 학습자
  ① 교육기관:

  외국인 대상 한국어 교육기관은 국내와 국외로 나눌 수 있다.

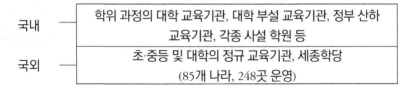

|  |  |
|---|---|
| 국내 | 학위 과정의 대학 교육기관, 대학 부설 교육기관, 정부 산하 교육기관, 각종 사설 학원 등 |
| 국외 | 초·중등 및 대학의 정규 교육기관, 세종학당 (85개 나라, 248곳 운영) |


  ② 학습자:

  한국어 학습자 역시 국내, 국외에서 지속적인 증가 추세에 있다.

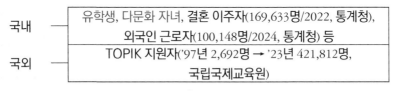

|  |  |
|---|---|
| 국내 | 유학생, 다문화 자녀, **결혼 이주자**(169,633명/2022, 통계청), **외국인 근로자**(100,148명/2024, 통계청) 등 |
| 국외 | TOPIK 지원자('97년 2,692명 → '23년 421,812명, 국립국제교육원) |

↓

| 구 분 | | 2010 | 2015 | 2021 | 2022 | 2023 |
|---|---|---|---|---|---|---|
| 고등교육 기관 | | 83,842 | 91,332 | 152,281 | 166,892 | 181,842 |
| 학위과정 | 소계 | 60,000 | 55,739 | 120,018 | 124,803 | 129,240 |
| 비학위 과정 | 소계 | 23,842 | 35,593 | 32,263 | 42,089 | 52,602 |
| | 어학연수생 | 17,064 | 22,178 | 23,442 | 27,194 | 37,974 |
| | 기타연수생 | 6,778 | 13,415 | 8,821 | 14,895 | 14,628 |

〈연도별 외국인 유학생 수, 교육부〉

| 구분 | 2012 | 2015 | 2020 | 2021 | 2022 | 2023 |
|---|---|---|---|---|---|---|
| 계 | 46,954 | 82,536 | 147,378 | 160,056 | 168,645 | 181,178 |
| 초등학교 | 33,740 | 60,162 | 107,694 | 111,371 | 111,640 | 115,639 |
| 중학교 | 9,627 | 13,827 | 26,773 | 33,950 | 39,714 | 43,698 |
| 고등학교 | 3,409 | 8,146 | 12,478 | 14,307 | 16,744 | 21,190 |
| 각종학교 | 178 | 401 | 433 | 428 | 547 | 651 |

〈연도별 다문화 학생 수, 교육부〉

(2) 한국어 능력 시험

① 정의: 한국어 능력 시험은 한국어를 모국어로 하지 않는 재외동포·외국인의 한국어 사용 능력을 평가하는 시험이다.

② 연혁: 1997년 제1회 시험(세종학당) → 2014년 제35회 시험(국립국제교육원) → 2024년 제95회(7월) 시험

③ 횟수: 국내 연 6회 / 국외 연 3회(아시아 외 지역), 4회(아시아 지역)

## ※ 토픽 문항 구성과 등급 기준

### 1. 문항 구성

| 시험수준 | 교시 | 영역 | 유형 | 문항수 | 배점 | 총점 |
|---|---|---|---|---|---|---|
| TOPIK I | 1 | 듣기 | 선택형 | 30 | 100 | 200 |
| | | 읽기 | 선택형 | 40 | 100 | |
| TOPIK II | 1 | 듣기 | 선택형 | 50 | 100 | 300 |
| | | 쓰기 | 서답형 | 4 | 100 | |
| | 2 | 읽기 | 선택형 | 50 | 100 | |

### 2. 등급 기준

| 구분 | TOPIK I | | TOPIK II | | | |
|---|---|---|---|---|---|---|
| | 1급 | 2급 | 3급 | 4급 | 5급 | 6급 |
| 등급 | 80점 | 140점 | 120점 | 150점 | 190점 | 230점 |

(3) 한국어 교원 자격 제도

① 정의: 문화체육관광부 장관이 한국어교원이 되고자 하는 사람에게 일정한 법정 요건을 갖추었는지를 심사하여 자격을 부여하는 제도[8]이다.

② 취득 방법: 한국어 교원 자격증 취득 방법에는 다음의 두 가지가 있다.

· 대학/대학원 학위 과정

| 대학 | 주전공 · 부전공 | 45학점 | → 자격 심사 | 2급 취득 |
|---|---|---|---|---|
| | 복수전공 | 21학점 | | 3급 취득 |

| 대학원 | 전공 | 18학점 | → 자격 심사 | 2급 취득 |
|---|---|---|---|---|

---

8) 국어기본법 제19조 및 부칙(제정 2005. 1. 27.)에 따라 시행하였다. ① 국가는 국어를 배우려는 외국인과 「재외동포의 출입국과 법적 지위에 관한 법률」에 따른 재외동포(이하 "재외동포"라 한다)를 위하여 교육 과정과 교재를 개발하고 전문가를 양성하는 등 국어의 보급에 필요한 사업을 시행하여야 한다. ② 문화 체육관광부장관은 재외동포나 외국인을 대상으로 국어를 가르치려는 사람에게 자격을 부여하고, 자격증 을 발급할 수 있다. <개정 2019. 11. 26.> ③ 제2항에 따른 자격 요건 및 자격 부여의 방법 등에 관하여 필요한 사항은 대통령령으로 정한다. [전문개정 2011. 4. 14.]

· 한국어 교사 양성과정

| 교육 기관 | 120 시간 이수 | → | 한국어교육능력시험 | → | 3급 취득 |
|---|---|---|---|---|---|

③ 진로: 한국어 교원 자격증 취득자의 활동 영역은 다음과 같다.

> 국내외 대학 및 대학부설기관, 외국어로서의 한국어 수업이 개설된 국내외 초·중·고등학교, 외국어로서의 한국어를 가르치는 국내외 정부기관, 다문화가족지원센터, 2 외국인근로자지원센터, 사회통합프로그램 운영기관 등, 국내외 세종학당 및 세종교실, 한국문화원, 한글학교, 한국교육원 등, 해외 진출 기업체, 국내외 일반 사설학원 등 – 국립국어원 한국어교원 누리집.

## ③ 한국어 교육의 성격

(1) 한국어 교육의 목표

한국어 교육의 목표는 제2언어로서의 한국어 교육과 외국어로서의 한국어 교육이 지향하는 공통점에서 찾아볼 수 있다. ①에 따르면, 한국어 교육은 학습자의 생활 한국어 능력, 즉 언어 사용 기능 신장을 궁극적인 목표로 한다.[9]

한국어 교육의 목표

| 언어 사용 기능 신장 = 의사소통 능력 배양 |
|---|

(2) 한국어 교육의 원리

한국어 교육의 의사소통 능력 배양은 의사소통식 교수·학습 방법에 기인한 것이다. 이 교수법은 의사소통 능력의 계발을 위해 의사소통의 원리, 과제의 원리, 유의미함

---

[9] 언어 교육의 일차적 목표는 음성과 문자로 자신의 생각과 느낌을 효과적으로 표현하고, 언어로 표현된 다른 사람의 생각과 느낌을 효과적으로 이해할 수 있는 의사소통 능력이다.

의 원리를 바탕으로 한다. 따라서 학습자 중심의 교육, 과정 중심의 교육, 과제 중심의 교육, 문화 교육 등을 강조한다.

① **학습자 중심 교육** : 학습의 주체는 교사가 아닌 학습자이다. 교육의 모든 과정이 학습자들의 다양한 변인(학습 목적, 요구, 태도, 학습자의 숙달도 등)을 고려하여 계획, 설계되어야 한다.

② **과정 중심 교육** : 학습자의 의사소통 능력은 구체적인 언어활동의 과정을 통해 신장된다. 따라서 말하기, 듣기, 읽기, 쓰기의 언어 표현과 이해의 인지적 처리 과정을 교육해야 한다.

③ **과제 중심 교육** : 언어 소통과정에는 과제(task)가 수반되는데, 과제는 언어적 행위를 한다는 기능적인 용어이다. 한국어 교육은 학습자들이 의미를 중심으로 소통하게 하는 과제 수행 중심의 교육을 해야 한다.

④ **목표어 문화 교육** : 구체적 담화 상황의 의사소통은 사회, 문화적 맥락에 대한 이해 없이는 쉽지 않거나 불가능하다. 따라서 의사소통 능력의 배양을 목표로 하는 한국어 교육은 한국 문화에 대한 교육을 해야 한다.

⑤ **유의적 연습 교육** : 과정 중심의 교육은 언어 지식의 단순 암기와 반복 연습, 맥락을 고려하지 않은 문형 학습에서 벗어나 의미와 연결된 실생활에서 적용 가능한 유의미한 연습[10]을 하라는 것이다.

⑥ **언어 기능 통합 교육** : 의사소통의 표현과 이해는 독립적인 언어 기능의 통합으로 이루어진다. '말하기-듣기', '읽기-쓰기'가 그렇다. 또한 표현 수단인 '구어-문어'도 상관성을 지닌다. 따라서 어느 한 가지 기능만 강조하지 말고 네 가지 언어 기능을 통합하여 교육을 해야 한다.

---

[10] 학습의 효과를 오래 지속하기 위한 유의미한 한국어 교육이 되기 위해서는 과제 수행의 과정이 '준비 단계→ 활동 단계→활동 단계'로 체계화, 구조화되어야 한다.

한국어 교육은 의사소통 능력 배양을 위한 다양한 교육의 원리를 적용, 시행하고 있다. 그러나 조사나 어미 등의 문법적 형태가 많은 한국어 학습에서 문법 지식 교육 없이는 의사소통능력 배양이라는 목표를 달성할 수 없다.

⑦ **문법 지식 교육** : 의사소통 능력의 함양을 위해 문법 교육은 필요하다. 왜냐하면 의사소통 능력의 정확성이 문법 지식과 관련하기 때문이다. 다만, '유의미한 교육'이라는 원리에 따라 단편적 지식 교육이 아니라 의사소통을 위한 다른 언어활동과 통합하여 실시해야 함을 유의해야 한다.

## 4 한국어 교육의 내용

언어는 소통의 수단이다. 한국어 교육의 목표는 '말하기·듣기'의 음성과 '읽기·쓰기'의 문자로 표현하고 이해하는 언어 능력을 키우는 것이다. 따라서 한국어 교육의 핵심 내용은 '말하기·듣기', '읽기·쓰기'이다. 그리고 이러한 언어 기능의 정확성과 유창성을 높이기 위해 한국어 관련 지식도 필수적이다. 발음, 어휘, 문법적 지식뿐만 아니라 언어 환경에 해당하는 한국 문화에 대한 이해도 필요하다.

### (1) 한국어 기능 관련 내용

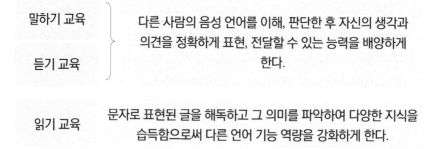

| 말하기 교육 / 듣기 교육 | 다른 사람의 음성 언어를 이해, 판단한 후 자신의 생각과 의견을 정확하게 표현, 전달할 수 있는 능력을 배양하게 한다. |
|---|---|
| 읽기 교육 | 문자로 표현된 글을 해독하고 그 의미를 파악하여 다양한 지식을 습득함으로써 다른 언어 기능 역량을 강화하게 한다. |

| 쓰기 교육 | 글자와 문장 쓰기를 익힌 후, 문장 연결하는 방법과 다양한 주제의 글을 문자로 표현할 수 있는 능력을 함양하게 한다. |

(2) 한국어 지식 관련 내용

| 발음 교육 | 음성 언어 표현의 정확성과 유창성을 위한 발음을 교육해야 한다. |
| 어휘 교육 | 음성/문자 언어 표현과 이해의 정확성과 유창성을 위한 어휘를 교육해야 한다. |
| 문법 교육 | 음성/문자 언어 표현과 이해의 정확성을 위한 문법을 교육해야 한다. |

(3) 한국어 지식 관련 내용

| 문화 교육 | 문화에 대한 이해 정도가 언어 사용에 관한 규칙[11]을 이해하고 의사소통 능력을 신장하기에 문화를 교육해야 한다. |

---

11) 한국어 "식사하셨어요?", "다음에 식사(술) 한번 해요." 등을 질문이나 약속의 표현이 아닌 인사말 정도로 이해하기 위해서는 한국의 사회문화를 이해해야 한다. 또한 첫 대면에 '나이, 직업, 고향, 학교' 등을 묻는 것도 적절한 호칭이나 높임 표현 사용을 위해서라는 한국문화 요소를 이해한다면 원만한 의사소통으로 이어질 것이다.

## ※ 한국어 교재12)의 내용 구성표

### 1. 문법/듣기·말하기

| 단원 | 제목 | 내용 | | |
|---|---|---|---|---|
| 1 | 개인과 사회 | 준비(문법) | 듣기 | 말하기 |
| | | -(으)련마는 | 기부 인터뷰 듣기 | 기부 사례 말하기 |

### 2. 문법/읽기·쓰기

| 단원 | 제목 | 내용 | | |
|---|---|---|---|---|
| 1 | 개인과 사회 | 준비(문법) | 읽기 | 쓰기 |
| | | -(으)ㄴ들 | 투고문 읽기 | 투고문 쓰기 |

### 3. 과제/어휘/사자성어

| 단원 | 제목 | 내용 | | |
|---|---|---|---|---|
| 1 | 개인과 사회 | 과제 | 어휘 확장 | 사자성어 |
| | | 캠페인 만들기 | 시작 관련 표현 | 동병상련 등 |

---

12) 『이화 한국어』 6(2020, 8〜9)의 교재 구성표를 재구성한 것이다.

## 5 한국어 교육의 방법

한국어 교육은 학습자의 의사소통 능력을 향상시키기 위해 다양한 교수·학습 원리로 한국어 기능 요소, 지식 요소, 문화 요소 등을 가르친다. 그러면 교수·학습의 효과를 극대화 하기 위한 방법, 즉 교육 방법을 살펴보기로 하자.

### (1) 한국어 교육의 과정

일반적으로 수업 단위는 '도입-전개-정리(마무리)'로 구성[13]된다. 이는 학습 목표에 대한 지식과 기능을 독립적이고 집중적으로 익힌 후 다양한 상황 속에서 심화하고 적용함으로써 종합하게 하는 교수·학습의 과정과 방법에 따른 것이다. 다만, 의사소통 능력의 향상이라는 한국어 교육에서는 다음과 같이 세분화할 수 있다.

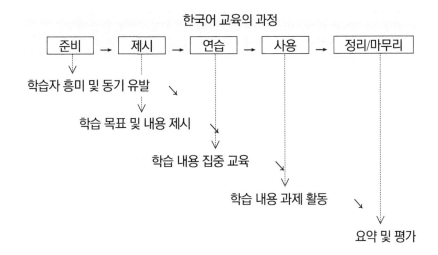

한국어 교육의 과정

준비 → 제시 → 연습 → 사용 → 정리/마무리

학습자 흥미 및 동기 유발

학습 목표 및 내용 제시

학습 내용 집중 교육

학습 내용 과제 활동

요약 및 평가

---

13) '도입-전개-정리(마무리)'의 수업 전개 과정이 효율적이고 밀도 있게 진행되기 위해서는 수업 계획서(교안)를 작성해야 한다. 수업 계획서는 '수업 목표-수업 내용-학습 활동' 등으로 구성되는데, 이 중, '학습 활동'이 '도입-전개-정리'의 내용 구성으로 조직화되어야 한다.

(2) 한국어 문법 교육의 과정

한국어 교육의 5단계 구성은 언어 기능, 어휘, 발음, 문화 교육에 모두 적용된다. 문법 또한 한국어 교육의 일부로 이 단계의 구성에 따라 이루어져야 한다. 이 항목에서는 문법 교육의 단계별 진행 과정에 대해 살펴보기로 하자.

① 준비 단계 　　　교사의 질문으로 학습할 문법 항목을 인식하게 한다.

(교사) 여러분! 주말에 뭐 했어요? 수업 후에는 뭐 할 거예요?
(학생) (집에서 쉬다) / (영화를 보다)

↓

② 제시 단계 　　　교사는 학생의 대답을 연결해 문법 항목을 제시 및 설명한다.

제시: 아~네. 친구와 영화를 볼 거예요.
설명: '-(으)ㄹ 거예요' → 보다: -ㄹ 거예요 / 먹다:-을 거예요

↓

③ 연습 단계 　교사는 학생들이 배운 문법 항목을 구조적으로 반복 연습하게 한 후, 교사-학생, 학생-학생의 질의응답으로 유의미한 연습을 하게 한다.

구조적 연습: 읽다 : (읽을 거예요) / 쓰다 : (쓸 거예요)
　　　　　　　듣다 : (들을 거예요) / 돕다 : (도울 거예요)
유의적 연습: (교사) 이번 주말에 뭐 할 거예요?
　　　　　　　(학생) _____.
　　　　　　　(학생1)　이번 방학에 뭐 할 거예요?
　　　　　　　(학생2) _____.

↓

④ 사용 단계 　　　교사는 학습 목표 달성을 위한 학생들의 말하기·듣기, 읽기, 쓰기 활동으로 통합적 의사소통 능력을 키우게 한다.

<방학 계획 세우기>

말하기·듣기 활동: 여름(겨울) 방학 계획 말하고 듣기<br>
방학 활동 자료에 대해 의논하기<br>
읽기 활동: 자료 읽기<br>
쓰기 활동: 여름 방학 계획 글로 쓰기<br>
↓

⑤ 정리 단계     학습 내용 요약 및 정리 / 과제 제시 / 다음 수업 내용 전달

(3) 한국어 교재의 문법 내용 구성

한국어 교육의 수업 단위와 한국어 문법 교육의 5단계 과정이 한국어 교재(이화 한국어6, 2020:18~35)에 실제 적용되는 양상을 확인할 수 있다.

① 준비 단계

제1과 개인과 사회 [삽화]

봉사 활동에 지원한 사람 수가 적다는 생각을 조심스럽게 말할 때<br>
어떻게 표현할까요?

[삽화]

A: 봉사 활동 지원자는 많은가요?
B: 글쎄요. 신청 기간이 며칠 남기는 했지만 지난번에 비해서
　좀 적은 감이 있네요.

② 제시 단계

　　제시 : 'A/V+(으)ㄴ/는 감이 있다'

　　설명 : 'A/V+(으)ㄴ/는 감이 있다'는 어떤 생각을 하고 있지만
　　　　　확실하게 단정하지는 않음을 나타낸다.

　　예 출발 하루 전에 숙소 예약을 하는 건 늦은 감이 있다.
　　　신입 사원 보라 씨는 자신의 의견을 말할 때면 상사의 눈치를 살피는 감
　　　이 있어요.


③ 연습 단계


　　구조적 연습14): 빠르다 - (빠른 감이 있다) / 길다 - (긴 감이 있다)
　　　　　　　　　 / 많다 - (많은 감이 있다) / 살피다 - (살피는 감이 있다)
　　유의적 연습: 친구의 결혼식 준비에 대한 여러분의 생각을
　　　　　　　　'-(으)ㄴ/는 감이 있다'를 사용해서 이야기해 보세요.

| 보기 | 결혼식: 5월 4일 12:00 | |
|---|---|---|
| | 청첩장 주문 | 수량 -50장 |
| ① | 가전제품 구입 | 쇼핑 날짜 – 1월 10일 |
| ② | 신혼여행 예약 | 일정 - 20박 21일 유럽 여행 |
| ③ | 결혼식 꽃 장식 주문 | 종류 및 수량 – 장미꽃 1,000송이 |
| ④ | 신혼집 대청소 및 도배 | 일시 – 5월 2일 7:00 |

　　Ⓐ 청첩장은 50장만 주문하려고 하는데, 괜찮겠지요?
　　Ⓑ 글쎄요. 50장은 너무 적은 감이 있는데요. 부모님이 초대하시려는
　　　분들께도 청첩장을 보내 드려야 하니까요.

---

14) 해당 교재에 구체적으로 제시되지 않은 것을 본서의 과정에 따라 임의적으로 제시하였다.

④　사용 단계

　　　　**말하기·듣기 활동**: 재능 기부에 대한 인터뷰 듣기(이야기→내용 이해
　　　　　　　　　　　→쓰기→이야기) / 사회에 기여한 사례에 대해 발표
　　　　　　　　　　　하기(이야기→쓰기→이야기)
　　　　**읽기 활동**: 투표 참여에 대한 투고문이다. 잘 읽고 물음에 답하세요.
　　　　　　　　　(내용 이해→글쓰기→이야기)
　　　　**쓰기 활동**: (이야기) → 헌혈 참여에 대한 투고문 쓰기→(이야기)


⑤　정리 단계

　　　　**어휘 확장**: 시작 관련 표현(의미 추측→대화 완성→이야기)
　　　　**사자성어**: 동병상련 / 솔선수범 / 십시일반(의미 추측→의미 연결→ 대
　　　　　　　　　화 완성)
　　　　　　　　　　　　　　　↓
　　　　**요약·정리**[15]: 학습 내용 요약 및 정리 / (과제 제시) / 다음 차시 내용 전달

---

15) 본서의 '준비-제시-연습-사용-정리' 과정에 따라 임의적으로 제시하였다.

# 참고문헌

# 참고문헌

강신항, 『훈민정음 연구』, 성균관대교출판부, 2003.

高永根, 『國語文法의 硏究』, 塔出版社, 1983.

_____, 『國語形態論硏究』, 서울大出版部, 1989.

_____, 『표준 중세 국어문법론』(제3판), 집문당, 2010.

고영근·구본관, 『우리말 문법론』, 집문당, 2008.

고영근·남기심, 『국어의 통사의미론』, 탑출판사, 1983.

구현정, "조건과 주제", 『언어』 14집, 한국언어학회, 1989.

국립국어원, 『외국인을 위한 한국어 문법 2』, 커뮤니케이션북스, 2005.

국어국문학편찬위원회 편, 『국어국문학사전』, 한국사전연구사, 2004.

권재일, 『국어의 복합문 구성 연구』, 집문당, 1985.

_____, 『한국어 통사론』, 민음사, 1992.

金光海, 『국어 어휘론 개설』, 집문당, 1993.

_____, 『국어지식탐구』, 박이정, 2002.

_____, "기초어휘의 개념과 중요성", 『새국어생활』, 13-3, 국립국어연구원, 2003.

김동식, "현대국어 부정법의 연구", 『국어연구』 42호, 국어연구회, 1980.

김성화, 『현대국어의 상 연구』, 한신문화사, 1990.

김승곤, 『현대 나라 말본』, 박이정, 1996.

김정은, 『국어 단어형성법 연구』, 박이정, 1995.

김종록, 『외국인을 위한 표준 한국어 문법』, 박이정, 2008.

김진수, "시간부사 '벌써', '이미'와 '아직'의 상과 통사 제약", 『한글』 189집, 한글학회, 1985.

_____, 『국어 접속조사와 어미 연구』, 탑출판사, 1989.

김진우, 『언어: 그 이론과 적용』, 塔出版社, 1985.

김진호, 『국어 특수조사의 통사의미 연구』, 역락, 2000.

_____, 『언어학의 이해』, 역락, 2004.

_____, 『재미있는 한국어 이야기』, 박이정, 2006.

_____, 『외국어로서의 한국어학개론』, 박이정, 2010.

김차균, "국어의 사역과 수동의 의미", 『한글』 196집, 한글학회, 1980.

김형주, 『우리말 발달사』, 세종출판사, 1998.

나찬연, 『중세 국어 문법의 이해』(이론편), 교학연구사, 2012.

남기심·고영근, 『표준국어문법론』, 탑출판사, 1993.

남기심 엮음, 『국어 연결어미의 쓰임』, 서광학술자료사, 1994.

남기심·이정민·이홍배,『언어학개론』, 탑출판사, 1980.

노대규,『한국어의 감탄문』, 국학자료원, 1997.

민현식,『국어 문법 연구』, 역락, 1999.

박병채,『국어발달사』, 世英社, 1989.

박선자, "한국어 어찌말 연구", 부산대 박사학위 논문, 1983.

박양규, "사동과 피동",『국어학』 7집, 국어학회, 1978.

박영목 외,『독서와 문법』I , II, 천재교육, 2011.

박영환,『지시어의 의미 기능』, 한남대학교 출판부, 1991.

박종갑,『토론식 강의를 위한 국어의미론』(개정판), 박이정, 2007.

박지홍,『풀이한 訓民正音-연구·주석-』, 과학사, 1984.

박창원, "향찰과 향가",『새국어생활』, 7-3, 국립국어연구원, 1997.

방종현 저, 이상규 주해,『훈민정음통사』, ㈜혜럴드, 2013.

배주채,『국어음운론개설』(개정판), 신구문화사, 2011.

서울大大學院國語研究會 編,『國語研究 어디까지 왔나』, 東亞出版社, 1990.

서정수,『한국어의 부사』, 서울대학교 출판부, 2005.

成光秀,『國語助辭의 研究』, 螢雪出版社, 1979.

성기철, "공손법",『國語研究 어디까지 왔나』, 東亞出版社, 1990.

송기중,『역사비교언어학과 국어계통론』, 집문당, 2004.

송석중, "사동문 두 형식",『언어』 3권 2호, 한국언어학회, 1977.

_____, "한국말의 부정의 범위",『한글』, 173집, 한글학회, 1981.

송철의, "자음의 발음",『새국어생활』3-1, 국립국어연구원, 1993.

신상순·이돈주·이환묵 편,『훈민정음의 이해』, 한신문화사, 1988.

신지영·차재은,『우리말 소리의 체계』, 한국문화사, 2003.

신지영 외,『쉽게 읽은 한국어학의 이해』, 지식과 교양, 2012.

신지영,『한국어의 말소리』, 지식과 교양, 2011.

신현숙,『의미분석의 방법과 실제』, 한신문화사, 1986.

심재기 외,『국어 어휘론 개설』, 지식과 교양, 2011.

沈在箕,『國語語彙論』, 集文堂, 1982.

안병희,『국어사 연구』, 문학과지성사, 1992.

_____,『국어사 자료 연구』, 문학과지성사, 1992.

양동휘, "한국어의 피·사동",『한글』166집, 한글학회, 1979.

유동준, "국어의 능동과 피동", 『국어학』 12집, 국어학회, 1982.

유현경, 『국어 형용사 연구』, 한국문화사, 1997.

윤평헌, 『국어의미론』, 역락, 2008.

_____, 『국어의미론 강의』, 역락, 2013.

이관규 외, 『차곡차곡 익히는 우리말 우리글』 1,2, 박이정, 2012.

이관규, 『학교 문법론』(개정판), 월인, 2005.

李光政, 『國語品詞分類의 歷史的 發展에 관한 硏究』, 翰信文化社, 1987.

이광호, 『국어 격조사 '을/를'의 연구』, 태학사, 1988.

이근수, 『훈민정음신연구』, 보고사, 1995.

이기동, "조사 '-에'와 '-에서'의 기본 의미", 『한글』 173·174 합집, 한글학회, 1981.

李基文, 『國語史槪說』(개정판), 탑출판사, 1972.

_____, 『韓國語形成史』, 三星文化文庫, 1981.

이남순, "피동과 사동의 문형", 『국어학』 13집, 국어학회, 1984.

이삼형 외, 『독서와 문법』 I , II, 지학사, 2112.

李崇寧, 『中世國語文法』(改訂增補版), 乙酉文化社, 1981.

이승재, "모음의 발음", 『새국어생활』 3-1, 국립국어연구원, 1993.

이익섭, 『국어표기법 연구』, 서울대학교 출판부, 1992.

_____, 『한국의 언어』, 신구문화사, 1997.

_____, 『국어문법론강의』, 학연사, 1999.

李翊燮·任洪彬 共著, 『國語文法論』, 學硏社, 1983.

이익환, "한국어 '까지, 마저'와 부정의 범위", 『언어』 4권 1호, 한국언어학회, 1979.

이진호, 『국어 음운론 강의』, 삼경문화사, 2005.

_____, 『한국어의 표준 발음과 현실 발음』, 아카넷, 2012.

이충우, "어휘교육과 어휘의 특성", 『국어교육』 95, 한국국어교육연구회, 1997.

임지룡 외, 『학교문법과 문법교육』, 박이정, 2005.

임지룡, 『국어의미론』, 탑출판사, 2003.

임홍빈, "국어 부정문의 통사와 의미", 『국어생활』 10호, 국어연구소, 1987.

_____, "존경법", 『국어연구 어디까지 왔나』, 동아출판사, 1990.

장경희, "指示語 '이, 그, 저'의 意味分析", 『語學硏究』 16-2, 서울대 어학연구소, 1980.

_____, "국어 의문문의 긍정과 부정", 『국어학』 11집, 국어학회, 1982.

_____, 『現代國語의 樣態範疇硏究』, 塔出版社, 1985.

_____, "조응표현", 『국어연구 어디까지 왔나』, 동아출판사, 1990.

정경일 외, 『한국어의 탐구와 이해』, 박이정, 2000.

鄭仁祥, "現代國語의 主語에 대한 硏究", 『國語硏究』 44, 1980.

정주리 외, 『역사가 새겨진 우리말 이야기』, 고즈윈, 2006.

曺錫鍾 譯,『言語學入門』, 塔出版社, 1983.

조오현,『국어의 이유구문 연구』, 한신문화사, 1991.

최웅환,『국어문장의 형성 원리 연구』, 역락, 2000.

최재희,『국어의 접속문 구성 연구』, 탑출판사, 1991.

崔昌烈·沈在箕·成光秀 共著,『國語意味論』, 開文社, 1993.

崔鶴根,『韓國語 系統論에 關한 研究』, 明文堂, 1988.

한동완,『국어의 시제 연구』, 태학사, 1996.

황화상, "'있다'의 의미 특성과 품사, 그리고 활용",『한말연구』33, 한말연구학회, 2013.

허  웅,『국어음운학: 우리말 소리의 어제·오늘』, 샘 문화사, 1985.

홍사만,『國語特殊助詞論』, 學文社, 1983.

_____,『국어 특수조사 신연구』, 역락, 2002.

홍윤표,『국어사 문헌자료 연구』, 태학사, 1993.


[국외 논저]

Bloomfield, L., Language, New York: Holt, Rinehert and Winston, 1933.

Fillmore, C. J., "Some Problem for Case Grammar", Monograph Series on Language and Linguistics 24, 1971.

Gleason, H., An Introduction to Descriptive Linguistics, New York: Holt, Rinehert and Winston, 1955.

Leech, G., Semantics, Baltmore: Penguin Books, 1974.

Martin, S.E., Korean Morphophonemics, Baltimore, 1954.

Ogden, C. K. & Richards, I. A., The Meaning of Meaning. New York : Harcourt Brace Jovanovich, 1923.(金鳳柱 譯, 1986,『意味의 意味』, 翰信文化社.)

Searle, J., Speech Acts, Cambridge University Press, 1969.

Sloat, C·Taylor, S. H·Hoard, J. E., Introduction to Phonology, Oregon, 1978.(이현복·김기섭 공역,『음운학개설』, 탐구당, 1983.)

Ullmann, S., The Principles of Semantics.(2nd edition), Glasgow Oxford, 1959.(南星祐 譯,『意味論의 原理』, 塔出版社, 1979.)

Ullmann, S., Semantics: An Introduction to the Science of Meaning, Oxford: Basil Blackwell & Mott Ltd, 1962.(南星祐 譯,『意味論:意味科學入門』, 탑출판사, 1988.)

# 외국어로서의 한국어학의 이해

Understanding Korean Linguistics as a Foreign Language

| | |
|---|---|
| 초판 1쇄 인쇄일 | 2025년 2월 21일 |
| 초판 1쇄 발행일 | 2025년 2월 28일 |

| | |
|---|---|
| 지은이 | 김진호 |
| 펴낸이 | 한선희 |
| 편집/디자인 | 이보은 박재원 한상지 |
| 마케팅 | 정찬용 정진이 |
| 영업관리 | 정구형 |
| 책임편집 | 한상지 |
| 인쇄처 | 으뜸사 |
| 펴낸곳 | 국학자료원 새미(주) |
| | 등록일 2005 03 15 제 395―3240002510002005000008 호 |
| | 경기도 고양시 덕양구 권율대로 656 클래시아더퍼스트 1519, 1520호 |
| | Tel 02)442―4623 Fax 02)6499―3082 |
| | www.kookhak.co.kr |
| | kookhak2010@hanmail.net |

| | |
|---|---|
| ISBN | 979-11-6797-230-9 *93700 |
| 가격 | 25,000원 |

이 저서는 2024년도 가천대학교 교내연구비 지원에 의한 결과임. (GCU-202405900001)